La basura de tu mente

Lucía Enriqueta Cuevas

La basura de tu mente

Santo Domingo
República Dominicana
2018

La basura de tu mente
© Lucía Enriqueta Cuevas, 2018
@sivivirenpositivo
ISBN: 978-9945-09-225-7

Fotografía de portada: Jeremy Thomas
Diagramación: Amado Alexis Chalas

Impreso en Editora Búho
Santo Domingo, República Dominicana

Índice

Agradecimientos 9
Prólogo 11
Introducción 13
Declaración de la autora 15

Primera Parte

1. El medio que nos moldea 19
2. Las creencias que no necesitamos 24
3. Encariñados con las crisis 30
4. Los patrones aprendidos 34
5. Las incoherencias de nuestro inconsciente 37
6. Somos transparentes 41
7. El poder de las influencias 44

Segunda parte

8. Las carencias afectivas 51
9. Cuando la emoción toma el control, el razonamiento se anula 57
10. Todas las decisiones son emocionales 63
11. Todos tenemos la razón 70
12. Si no educas tu mente, ella te esclaviza 75

13. Hemisferios cerebrales, el puente a la realización 84
14. Los pensamientos: fuerzas silenciosas del universo 88

Tercera parte

15. Estados Alfa: nivel de creación 95
16. La espiritualidad y la conexión de los humanos 102
17. Las leyes espirituales, un poder en nuestras manos 106
18. Somos naturaleza 114
19. El talento como moneda de cambio 120
20. La vida es equilibrio 126
21. Cree en ti... aunque nadie más lo haga 130

Conclusión 134

Agradecimientos

Agradezco a cada persona que la vida me ha presentado. Todas han sido importantes para mí, incluso aquellas que pensaron que me hicieron daño, porque formaron mi carácter. También los que me enseñaron con su ejemplo a aprender de sus aciertos y caídas. Y además a los que, con su cariño, sin darse cuenta, me ayudaron a creer más en esta locura de desarrollar mis talentos y a confiar en que podía lograr mis metas.

Agradezco a Leopoldo Ferreras, mi abuelo, por ser un maravillo ser humano. A mi madre, Mareline Ferreras, por haber hecho todo lo humanamente posible, según sus posibilidades, para darme lo mejor. A mi padre, por la ausencia inconsciente en mis primeros años, "sin esa experiencia no sería lo que soy ahora". Y aunque ninguno de ellos está en este plano físico, quiero expresar lo agradecida que estoy por sus aportes a mi vida.

A Suleica González, por ser la primera persona que me inculcó el deseo de superación, y por estar presente en todos los estrellones que me he dado en la vida por no haberme conformado con lo ordinario.

A mis hijos Leydi Lucero, Herwills y Dasfneel, por el amor y el reto de querer educarlos desde la libertad en un mundo tan complejo, y por aguantar a esta madre soñadora e idealista que siempre ha creído en la idea de un mundo más humano. Los amo con todo mi corazón.

A todas las personas que han apostado por Lucía Enriqueta, y que, aun habiendo perdido, creen que es posible ganar a través de *Vivir en Positivo*.

A Pedro Antonio Valdez, por añadir valor a mi vida con su existencia, al impulsar la primera campaña *ABRÁZAME* y apoyarme para poner en tus manos este material corregido.

Y ojalá tuviera el espacio para poder nombrar a todos aquellos que me han ayudado a ser la mejor versión de mí misma que puedo entregarles hoy. Sólo me gustaría decirles que tienen un lugar bonito en mi corazón, y que mi mejor forma de decirles gracias es siendo feliz.

Gracias, gracias, gracias....

LUCÍA

Prólogo

Cuando Lucía me envió la primera versión inédita de este libro con la idea de que pudiera hacerle algún aporte estilístico, bajé el archivo, le di una ojeada y lo dejé guardado en el escritorio de mi computadora. Pensé retomarlo un poco más adelante. Pero pasaron los días y las semanas. Algo me impedía insertarme en sus páginas.

Luego sucedió que, casi por casualidad y sin mucho interés inicial, visité un taller sobre los diversos tipos de personalidades, impartido por la *coach* Kirssy Lorenzo.

A los 15 minutos de estar en aquel taller sentí que algo se abría dentro de mí... algo así como una puerta. Por el pequeño quicio que desde ese instante se ha ido abriendo poco a poco, fui internándome en un viaje hacia dentro de mí mismo. Yo he andado mucho, he conocido diferentes lugares, he visitado distintos países, he conocido teorías, he leído tal vez más de lo necesario, he hecho muchas cosas. Sin embargo, a partir de aquella experiencia me di cuenta de que había un lugar en el que, al menos conscientemente, no me había animado a viajar: hacia mi propio interior.

Tras el inicio de esa experiencia me di cuenta automáticamente por qué no había logrado insertarme en este libro. Y es que se trataba de la compañía para un viaje interior, para una aventura que yo desconocía y que no me encontraba en capacidad de comprender. Tan pronto retomé la lectura con esta nueva perspectiva, pude abordarlo con sumo interés. Sus páginas me permitieron ir reforzando mis pequeños pasos por el camino interior.

La basura de tu mente, de Lucía Enriqueta Cuevas, no es realmente un libro, sino un viaje, una carta de ruta para fortalecerse o curarse internamente. Tampoco se trata de una simple publicación, porque más que un mero objeto de lectura es una pieza que invita a obrar. La autora nos habla desde su experiencia vital y espiritual. Se nos ofrece como guía en el complejo y necesario camino de conocernos a nosotros mismos. Con suma claridad, nos hace conscientes de que habitamos en tres mundos a la vez: el físico, el mental-emocional y el espiritual. Entre los dos primeros mundos vamos acumulando basura que nos entorpece para desplazarnos y mantenernos conectados con el plano espiritual.

En sus 21 pequeños capítulos, la obra nos presenta experiencias aplicadas a la vida, sustentadas en verdades importantes como las leyes espirituales de Deepak Chopra, las perlas de sabiduría de Cristal o la parábola bíblica de los talentos. También recoge conceptos, algunos de los cuales invitan a observar nuevas perspectivas sobre el conocimiento, que plantean un cambio de paradigma con relación al lenguaje y al espectro de los sentimientos. Quienes atiendan a las ideas y vivencias planteadas en estas páginas, podrán encontrar las claves para despojarse de cargas innecesarias y alcanzar una levedad que le permita transitar sin pesares por la amplia geografía de los tres mundos en los que le ha tocado coexistir.

Como parte de su dinámica, esta obra incluye claves para la realización de ejercicios que ayudan a interiorizar. Sus páginas constantemente nos invitan a escapar de sus cadenas de letras para que intentemos la búsqueda interior. Finalmente, quiero hacer ahora lo que sé que muchos lectores harán en algún momento: dar las gracias a Lucía por habernos regalado un libro que nos sirve de compañía en el viaje más profundo, excitante y necesario, que es el que nos conduce hacia nosotros mismos.

Pedro Antonio Valdez

Introducción

Cada uno de nosotros es el resultado del medio donde se ha criado. Es la realidad que conocemos. Por eso vemos la vida desde el cristal de nuestra visión, formada por los condicionamientos del ambiente en que crecemos y el razonamiento filtrado por nuestras experiencias. Aprendemos por repetición y cargamos información en nuestro cerebro de manera inconsciente desde la niñez, asumiendo como bueno y válido todo lo que absorbemos de los comportamientos colectivos. Adoptamos lo que nos vale para sobrevivir, pero también los miedos y las limitaciones que no nos dejan avanzar.

La mente juega un papel muy importante en nuestra vida. Puede ser nuestra mejor aliada o nuestra peor enemiga. Este es el campo de batalla en que triunfamos o ganamos sobre nosotros mismos. Por eso es necesario educar la mente para que no nos esclavice con pensamientos negativos y repetitivos que no deseamos y que no nos hacen bien.

Si sacas un pez fuera del agua, muere. Igualmente, si extraes una planta de la tierra, perece. ¿Cuál será entonces la conexión más importante para el hombre? ¿Su hábitat natural? Es su interior o lado espiritual: lo que traemos diseñado en la configuración perfecta. Esa es nuestra verdadera esencia. Si nos desconectamos de ella, morimos.

En el mundo espiritual sembramos. En el mundo mental-emocional cuidamos. Y en el mundo físico cosechamos los frutos o resultados. En este libro hablaremos de cómo existimos en estos mundos. Veremos también herramientas ya comprobadas para crecer en ellos, las cuales aumentarán nuestro poder y provecho, tanto para nosotros como para todos nuestros semejantes. ¡Espero que te sea útil!

Declaración de la autora

Si con cerrar los ojos pudiese olvidar las situaciones difíciles que me han tocado vivir, seguramente no lo haría. No cambiaría ni un solo instante de mi existencia. Ni siquiera el primer segundo en el que todo comienza. Ni las fuerzas de las emociones que me impulsaron a perder todos los sentidos. Ni el agridulce susurro del recuerdo. Ni la confusión de mis etapas. Ni la certeza de un porvenir. Estoy completamente segura de que dejaría todo exactamente como ha sido. Dibujaría las líneas de la misma manera y con el mismo pincel. Si me preguntaras ¿Por qué? te diría que se debe a que a cada instante recorrido le debo tanto, que sería incapaz de marchitar su esplendor intentando variar alguna situación. Que todas esas experiencias se han acomodado en mí con el transcurrir del tiempo. Que no valdría la pena tratar de borrar un pasado que yo no puedo cambiar. Y además, ¿Para qué lo haría? La vida lo único que ha hecho es enseñarme. Por eso decidí unilateralmente dejar todas las emociones negativas en la parte en desuso de mi memoria, de donde sólo me permito sacar el crecimiento que me ha dado el recorrido. Dejé que todo lo demás se fuese saliendo con cada lágrima que me costó.

Hoy, después de muchas circunstancias que pudieron haber marcado mi vida, me siento libre de las cargas de mi pasado. No me estreso con las expectativas del futuro. Lo único que deseo en este perfecto presente es contarles sólo a ustedes, en el más clasificado de los secretos, estas enseñanzas que espero les sean útiles. Cada una de las líneas de este libro está concebida, no para que creas en mis ideas, sino para que busques tus propias respuestas en tu interior. Existen tres mundos en los que estás interactuando constantemente. El espiritual, el mental emocional y el físico. En el espiritual se siembra, en el mental emocional se cuida y en el físico se cosechan los resultados. Espero que al leer *La basura de tu mente* estés más consciente de que no eres una casualidad de la vida o un número más, sino de que tu vida tiene un propósito que es determinante: aprender a vivir feliz. Este libro surge como una consecuencia de las asperezas limadas por la vida y el agradecimiento eterno por cada situación superada. En estas páginas puedo decirles desde lo más profundo de mi corazón: "Se puede vivir sin miedos".

PRIMERA PARTE

*No es lo que dicen de ti lo que te define,
sino lo que tú crees de ti mismo.*

1
El medio que nos moldea

Como una vasija abollada y casi pichada por la vida, la joven trataba de recomenzar una vez más. Todo en su mundo era cíclico y con fecha de caducidad. Parecía que cada cosa que iniciaba llevaba un apellido puesto por la fatalidad: Fracaso. La realidad se ensañaba contra ella. Nunca le daba tregua. Desde su nacimiento comenzó con los números en rojo. Hija de padres ausentes por la separación y la necesidad, se crió de casa en casa, donde cualquier familiar o amigo de su madre le pudiera recibir.

Cada familia era diferente. Una cosa que en una era la costumbre, en la otra era considerada mala maña. Sin embargo, la dinámica de sobrevivir en los ambientes hostiles le enseñó a vivir entre dos universos. En el primero pertenecía a una familia multimillonaria que vivía entre lujos. Era un universo de fantasía donde se llamaba *Fallon Carrington Colby*. Aquí ella era un personaje de serie de televisión norteamericana, donde aparte ser una joven privilegiada, también era culta y hermosa, casada con el hombre de sus sueños y pretendida por los más elegantes caballeros de alta sociedad. En el segundo, su mundo real, era Luchy, la muchacha a la que se le exigía salir a la calle cada día con una ponchera llena de casabe en la cabeza, pues, además del dinero que su madre mandaba religiosamente cada mes, debía colaborar con el sustento de la casa dónde era acogida.

No era sencillo para una adolescente afrontar las miradas de la gente de un pueblo pequeño, donde parecía un delito vender por las calles. Se sentía desprotegida de sus padres, del mundo y hasta de la vida. No habían sido preparadas mentalmente para ver ese reto como un emprendimiento o una forma de ganar dinero. Tanto ella como su prima lo veían como un castigo del destino y como la imagen de la más profunda escasez.

Sin embargo, de la fantasía comenzó a sacar la ambición, el deseo de superación y hasta los modales distintos al resto de las personas de su entorno. Desde luego, esto le llevó a ser el centro de las críticas y correcciones más severas por parte de sus amigos y relacionados, debido a que Luchy en algunos momentos tenía actitudes bastantes raras para lo que se consideraba normal entre sus conocidos. Le gustaba leer y hablar diferente. Hasta en su manera de contar las cosas se mostraban ciertos matices de gran imaginación o de locura. Como una cenicienta sin príncipe que le rescatara, aquella niña se refugiaba en un mundo irreal que le daba equilibrio a su invisibilidad y poca importancia.

El medio sociocultural en el que naces es el medio que te moldea, diseña la estrategia para tu vida futura y te hace creer que eso eres tú y tu realidad. Así adoptas los patrones socioeconómicos de tus padres, de tus maestros y de tu barrio, y te conviertes en uno más de la cultura de masas, si te lo permites. Comes lo que comes, hablas como hablas, vistes como vistes y eres quien eres gracias a los hábitos que has cultivado por duplicación de tu entorno. Cada palabra, imagen o acción cuenta en la programación mental de la persona. Los hábitos no son más que informaciones cargadas de manera automática. Los millones de *bits* de información por segundos que maneja el inconsciente, calculan y guardan todo lo que ocurre a nuestro alrededor, en bruto, sin filtrar lo que es bueno para nosotros y lo que es basura del medio. Así como una esponja absorbe el agua sucia o limpia sin poner resistencia, así el medio nos condiciona. Sin juzgarlo, aceptamos como normal lo que hemos visto toda nuestra vida. Encajar en el modelo se vuelve lo más importante. Esta es la medición social que te dice si eres valioso, basada en los títulos acumulados, sean universitarios o inmobiliarios. Cuando llegas a este mundo ya vienes marcado y con una denominación de origen: "el niño de papi y mami" define al privilegiado que ha nacido bajo la sombrilla del dinero, mientras que "el hijo de machepa" describe a quien nació sin cuna para dormir.

No es que la carencia económica sea sinónimo de un defecto. Pero en la mayoría de los casos es determinante en los condicionamientos mentales para asumir la vida futura. Desde los nutrientes que faltan a un niño que se cría sin las necesidades básicas resueltas, o las limitaciones en su visión sobre la diversidad y la riqueza que nos rodea, hasta las guías correctas para acceder a la información adecuada en los momentos necesarios. En la mayoría de los casos, lo material condiciona al sujeto para asumir la vida desde la infancia. Sin embargo, se le debe enseñar a crear un entorno con calidad de vida, porque de lo contrario es como enviarlo desarmado a la batalla con una única idea: sobrevivir.

Aunque hay excepciones. Existen personas que han descubierto su potencial y se han arriesgado a subir a un nuevo nivel de desarrollo. Han decidido conscientemente, crecer en diferentes aspectos de su vida, renunciando a la zona de seguridad que le ofrece lo conocido. Estas personas tienen un segundo y hasta un tercer filtro. Se les llama locos o anormales, porque antes de atravesar las fronteras socioeconómicas deben derribar sus propias barreras mentales y emocionales. También deben sobreponerse a las críticas y a la desaprobación de los demás, y alcanzar el nivel de admiración que quita la venda de los ojos al resto de los conocidos.

Es necesario entender que todos tenemos verdaderos vacíos emocionales y existenciales, desde aquel que no tiene para llevarse el pan a la boca hasta el hombre más rico del mundo. Sólo quedan excluidos quienes han elevado sus niveles de consciencia sobre sí mismo. A ningún padre se le entrega un manual de instrucciones para educar de manera perfecta a su hijo. Cada uno entrega lo que tiene, y si el molde social ya viene con abolladuras, lo más lógico es que todos mantengamos el defecto de fábrica. Es importante entender que todos somos seres perfectamente imperfectos, y que estamos en constante cambio. Retrocedemos o crecemos en la vida y dependemos de nosotros mismos.

Debemos entender que es necesario desnudarnos y ser sinceros con nosotros mismos, sin autoengaño, para vivir la transformación profunda que se requiere de manera individual para el bien colectivo. El inconsciente colectivo se alimenta de las creencias y patrones conductuales de la generalidad. Educa a nuestros hijos con la información que recibe de lo que todos permitimos o ponemos en el medio, y nosotros somos el medio. No podemos sembrar limones agrios y esperar cosechar ricas y jugosas manzanas. Es posible que tú no escuches música, veas imágenes o te expongas a contenido negativo. Pero tus hijos no necesitan salir de la casa para asumir los patrones conductuales que el medio inculca, porque ellos sólo quieren estar a la moda para encajar y pertenecer.

El mundo no está cambiando. Las cosas no se hacen solas. Nosotros estamos generando y permitiendo estos cambios, seamos o no conscientes de ello. Cada vez que cedemos el poder a los patrones sociales, estamos siendo programados... Aquella niña estaba siendo formateada sin remedio alguno para vivir en la carencia, para que aspirara a encontrar a un hombre con quien casarse, tener hijos y esperar religiosamente a que le llevará el sustento de cada día. Eso sería un gran privilegio dentro de la realidad que otros le pronosticaban. Pero en su interior sabía que existía otra vida, que jamás se permitiría conformarse con la simple y marcada existencia que le correspondía por nacimiento.

Crecer en la dualidad de estas dos personas dentro de ella: *Luchy y Fallon*, se convertiría en su mayor lucha. Incomprendida, insegura y sin dinero, pero con unos deseos de superación inmensos y una valentía casi suicida, decidió llegar más lejos de lo que cualquiera jamás se hubo imaginado. Su fantasía, alojada en el universo de *Fallon Carrington Colby,* estaba bien entrenada por años de práctica. Pero siempre le jugaba malas pasadas. Ella pensaba en algo, y ya lo veía como logrado. A eso se le llama exceso de optimismo, algo que la vida castiga con dosis bastantes agresivas de fracasos, sobretodo cuándo no se tiene la preparación o el cerebro lógico bien desarrollado. Al inicio de cada proyecto se cargaba de ilusiones. Lo imaginaba como un nuevo comienzo, como un peldaño para subir las escaleras del éxito. Tenía grandes ideas, encontraba a las personas que creyeran en su visión, y comenzaba el camino con muchas ilusiones... Pero siempre había algo que le hacía volver a la nada, con la única diferencia de que cada vez cargaba más desconfianza, dolor y miedos.

2
Las creencias que no necesitamos

Ca'co de Hombre, Negrafea y *Moñomalo*. Esos eran algunos de los apodos o calificativos malintencionados e ignorantes, a los que diariamente estaba expuesta *Luchy*, la protagonista de nuestra historia. Creció sintiéndose fea, pensando que su color de piel y su cabello la hacían menos que los demás. Eso creó en ella mucha inseguridad y necesidad de aprobación. Toda la luz que residía en su interior quedaba oculta tras las cortinas de la pequeñez de las opiniones de algunos.

Ella fue una bebé muy deseada por su madre, quien durante 12 largos años había tratado de salir embarazada, buscando todas las opciones. Por eso siempre repetía: "Mi niña es una negra linda", quizás tratando de hacer frente al bullying de los miembros de la familia. El nacimiento de esa niña constituía para ella la realización de un sueño y un motivo para vivir.

Luchy debía defenderse cada día de los chistes malos que se creaban sobre ella. Pasó muchos años, desde la niñez hasta la adolescencia, luchando para no ser nombrada de manera despectiva. Y eso le llevó a ganarse otro apodo: *Lucha Libre*. Un día decidió no poner más objeción y aceptar que ella era lo que los otros decían. A partir de ese momento comenzó a sentir de forma inconsciente que no tenía derecho a enamorarse de quien a ella le resultara interesante, sino del que estuviera disponible. La belleza y la prosperidad no eran una opción para ella.

Criamos, pero no educamos. De manera irresponsable, muchos traemos niños al mundo sin medir las consecuencias de una crianza sin dedicación y o sin entender el compromiso de saber qué es ser padres. A veces nos reproducimos de manera egoísta, por deseo, por sostener una relación de pareja o por equivocación, sin preguntarse si están realmente preparados para dar lo mejor a un niño. Muy pocos se concientizan de la magnitud de esta decisión y de la labor ardua que es ayudar a otro ser humano a tomar su forma o ser la mejor versión de sí mismo desde el dejar ser.

En el universo fantasioso de *Fallon Carrington Colby*, Luchy podía disfrutar de todo lo que deseaba, y vivir las aventuras más increíbles. Esta experiencia imaginaria, de alguna forma le dio fuerzas para crear algo de equilibrio y no simplemente darse por vencida. Estaba segura de que deseaba estudiar, ser brillante y alcanzar la felicidad... Aunque inconscientemente pensaba que no merecía nada de eso. Este era el motivo que la mantenía viviendo en círculos de fracaso, sus creencias limitantes sobre ella misma. No existía coherencia entre sus decisiones y su manera de sentir.

Aunque se tenga la consciencia de lo que uno quiere y las potencialidades para lograrlos, la información grabada en el inconsciente es muy poderosa. Cada uno conoce perfectamente esa voz del inconsciente. La ha escuchado muchas veces. Es esa misma que dice "cinco minutos más" y que se inventa situaciones como el creer que está lloviendo cuando en realidad no es así, para evitar que salgas a hacer ejercicios, cuando conscientemente quieres y necesitas hacerlo.

El consciente sólo maneja 55 bits por segundos. Es lento para accionar. Pero es el responsable del análisis, de la objetividad, de los cálculos y decidir nuestra mejor opción, dependiendo del nivel de razonamiento. El inconsciente, por su lado, cuenta con 11 millones de bits. Es el que automatiza todas nuestras funciones, hábitos y reacciones.

No es posible escuchar diariamente, durante años, una afirmación positiva o negativa, y que esta no se fije en nuestro sistema de creencias. Eres lo que crees que eres. Confías plenamente en tu propio criterio. Eres fiel a ti mismo, pero no lo sabes. Esto es porque muy probablemente haya incoherencia entre lo que quieres y tus acciones o decisiones para lograrlo. Para bien o para mal, no es lo que deseas, sino lo que piensas y sientes de ti mismo lo que te define o determina en la vida.

Si te dijeron que eras un bueno para nada, que no servías y que nunca llegarías a nada, y tienes una vida desastrosa, estás siendo fiel a las maldiciones que de forma inconsciente grabaron en ti. Y no se trata de juzgar nuestra crianza. Cada quien da lo mejor que tiene y utiliza el modelo que aprendió. En ocasiones optamos radicalmente por todo lo contrario, y queremos dar a los hijos todo lo que nos faltó, sin equilibrio ninguno. Pero esto es tan negativo como las palabras ofensivas para una crianza saludable.

Después de adultos debemos detenernos a reflexionar sobre lo que es verdaderamente importante para nosotros. Sabemos que no es fácil. Las creencias se convierten en la razón de quien las posee. La manera más sencilla de observarnos es identificar los patrones repetitivos, aquellos que nos hacen daño y nos llevan al fracaso en cualquier escenario de la vida. Es determinante apostar por ti, elegir lo mejor para tu persona. Pero también lo es entregar lo mejor de ti. Cuando te repites constantemente que eres una estupenda y maravillosa persona, terminas por creerlo.

Una alianza estratégica contigo mismo consiste en estudiarte, descubrirte y autoanalizarte. También reprogramar creencias y hábitos positivos y saber lo que quieres a través de ver todas las opciones sin limitarte. Lo peor que puede ocurrir es que debas enfrentarte con el viejo tú para aceptar los cambios. Esto conlleva vivir nuevas y diferentes experiencias y empezar a experimentar lo que has calificado de malo. Esto ayuda a la formación del carácter desde el lado positivo de la vida.

Su primer viaje a un país lejano despertó la curiosidad de *Luchy,* sobre los paradigmas de belleza que tenía. Se encontraba siendo el centro de atención de miradas y comentarios referentes a lo inmensamente hermosa que era. Algunos conductores detenían el tránsito, literalmente, sólo para verla. No creía lo que le estaba ocurriendo. En un país donde todos eran blancos, altos y con ojos azules, ella, con su piel negra y su cabello rizado, personificaba a Afrodita, la diosa de la belleza. A la vez se sentía muy confusa. ¡Tenía tantos años creyéndose fea y acostumbrada a esta idea!. Aunque le gustaba la sensación, se sentía expuesta al ser admirada y observada de repente de esa manera.

La inseguridad que genera este tipo de creencias también crea miedo al éxito. Así se prefiere la opacidad del anonimato, para no ser el centro de las miradas. Ese sentirse de poca valía inconscientemente nos hace creer que no somos merecedores de lo que nos está entregando la vida. Se debe trabajar muy profundamente el amor propio para deshacerse de una mentira arraigada tan profundamente, que termina convirtiéndose en una verdad que condiciona toda nuestra vida.

Cuando se descubre una manera diferente de ver las cosas es cuando comienzan a derrumbarse las creencias y hasta nuestros valores preestablecidos. Dependiendo de lo que piensas sobre ti mismo, desarrollarás autoconfianza. El dialogo interno, el autoconocimiento y la autovaloración son los puntos a trabajar, cuando hemos sido programados de manera deficiente por el medio que nos rodea. Dios ha invertido tiempo, esfuerzo y recursos sumamente valiosos en tu persona para hacerte original y único. Nunca deberías dudar de su maravillosa genialidad. Tampoco de ti mismo ni de tus capacidades para lograr la transformación que anhelas en la vida.

Los miedos y las inseguridades vienen de haber creído lo que otras personas decían sobre ti en la niñez. Pero no tienes que llevar cargas innecesarias. Ya de adultos puedes despojarte de todo aquello que no nos deja avanzar. Una creencia limitante es una percepción de la realidad que nos impide crecer, desarrollar nuestro potencial y lograr todas esas metas que nos hacen ilusión. Es algo que realmente no es cierto, pero que tiene mucho valor en nuestra mente, por lo cual lo aceptamos como bueno y válido.

Me encanta viajar, conocer otros países, ver cómo actúa la gente dependiendo de su cultura. A qué sabe su comida. Las creencias que defienden y cobran tanta importancia para ellos. He aprendido a no sentirme extraña en ningún lugar del planeta, a disfrutar de la variedad infinita que este mundo me ofrece de la mano de las personas que tienen tanto que enseñar. Procuro no tener prejuicios referentes a nada, para poder absorber realmente su visión de las cosas. Eso es aprender a no ver el color de la piel sino la esencia del alma.

El 80% de lo que creemos que somos no son pensamientos propios. Los hemos asumido sin saber exactamente de dónde han venido. Son creencias que se han sembrado en el tiempo, quizás por una necesidad existente en el pasado, pero que en este momento no tiene ninguna importancia. Sin embargo, nos da miedo despojarnos de lo que traemos, aunque sólo sea un saco de basura emocional, y nos negamos a dar espacio a información nueva, por temor a perder nuestras razones. Nos asusta vivir sin complejos ni prejuicios, así como tener la posibilidad de elegir conscientemente qué es lo que nos gusta realmente desde el autoconocimiento y la sabiduría de la esencia misma del "Yo Soy".

Una mente abierta nos ayuda a desmontar todo aquello en que creemos y nos permite ver el mundo como realmente es desde una multiplicidad de posibilidades. Toda persona tiene sus propias razones. Por lo tanto, nadie tiene la razón y todos la tenemos, aunque no sea la misma. La vida se observa desde ópticas diferentes. La fórmula mágica está en aceptar y agradecer lo que quiero y puedo en el ahora. En soltar y dejar ir lo que no me hace bien. Y también en trabajar diariamente en nuestro yo interior esas transformaciones que queremos lograr en el mundo físico. Nosotros somos la buena tierra en la que hay que cultivar, sin tratar de cambiar a los demás.

Construye tu propio sistema de creencias de una manera positiva para ser feliz. No aceptes las opiniones negativas de otras personas sobre ti. Si algo se convierte en repetitivo en tu vida y te lastima, examina de donde viene esa creencia y transfórmala. Si han sembrado limones en tu huerto, y los frutos que necesitas son manzanas, toca volver a sembrar de forma consciente las nuevas semillas de los resultados que quieres ver en tu vida. Recuerda que en la universidad de la vida te debes graduar *summa cum laude*. El verdadero conocimiento necesario para ser feliz es sobre ti mismo, no sobre lo externo, que al final se queda.

Lo que vives hoy es el resultado de tus creencias. Si no te gusta ese resultado, cambia esas creencias. Las personas que dicen "Yo soy así" no imaginan la carga que se imponen. Se están condenando a no crecer, a ser los mismos de por vida. Y la propia vida es cambiante. Toda la naturaleza tiene movimiento. Las estaciones transforman el paisaje año tras año. En la naturaleza todo cambia, y nosotros, que somos parte de esa naturaleza, si nos estancamos morimos en vida. Regálate la oportunidad de ser la mejor versión de ti mismo cada día, sin el estrés ni la presión de lograr éxito para ganar la admiración y la aceptación social. Date el permiso de vivir la renovación diaria de la gracia.

3
Encariñados con las crisis

Todo aquello que nos distrae de lo que realmente queremos, es basura. A diario tenemos miles de pensamientos. En su mayoría están centrados en las cosas que no deseamos en la vida, como lo mal que está la situación, no tener dinero suficiente, el desamor de la esposa o el marido, no lograr una relación estable, no recibir el respeto o la ayuda de los demás, ser incapaz de lograr las metas, etc., etc., etc.

Un concierto de malas palabras que se anidan literalmente para no dejarnos ver el panorama completo de lo que podemos alcanzar. Decía Weyne Dyer que es como ir al supermercado con US$1,000 dólares y llevarnos a la casa todo aquello que no queremos comprar y que no necesitamos. Hablamos constantemente de lo que nos duele, de los errores, de los problemas. Lo negativo lo recordamos de por vida. Sin embargo, las alegrías y los halagos son cosas que se desvanecen en una o dos horas. Nos concentramos en lo que nos hace sufrir, adictos a la melancolía, a la tristeza y a la rabia.

Cargamos con nuestras crisis de por vida para competir con las desgracias de los otros. No nos damos cuenta de los condicionamientos y patrones mentales que tenemos, hasta que no tocamos fondo, y esto nos obliga a despertar. Conocer lo inconsciente es hacer una limpieza y sacar lo que no nos hace falta. Tenemos diariamente 60,000 pensamientos, y la mayoría son negativos. Tendríamos que comenzar a observar nuestra manera de pensar y hacer diariamente una higienización mental. En vez de pensar en el *no puedo* y sufrir, es mejor preguntarnos *¿cómo puedo hacerlo?* y accionar. A veces tenemos mucho talento, mucha imaginación, mucho conocimiento y un gran desarrollo de habilidades... pero no alcanzamos el éxito tan anhelado porque nuestros pensamientos negativos dominan nuestras decisiones.

Para Luchy se trataba de esa otra vida que tenía grabada en su mente. Ese oasis dónde viajaba cada vez que sentía que la realidad era demasiado dura. Se preguntaba ¿Cómo puedo lograrlo?, ¿Cómo puedo cruzar el umbral dónde esa ficción se convierta en mi realidad?, ¿Dónde están las llaves? ¿Qué es lo que tengo que cambiar? Sin entender que sólo debía abrir los ojos para despertar del sueño de la inconsciencia y el automático social. Leía libros, aplicaba teorías, hacia terapias y buscaba cuanto sabio se autodenominaba como el poseedor del conocimiento que podía salvarla. Y aunque se acercaba bastante al elíxir de la felicidad o el néctar de la grandeza, seguía sintiéndose pequeña.

Atraía situaciones a su vida que reafirmaban su falta de amor hacia sí misma y su falta de sensatez, por seguir siendo fiel a sus patrones. Sabía que nadie vendría a rescatarla, que debía hacerlo por ella misma, de adentro hacia afuera, un nuevo nacimiento, como comienza la vida. Entendía perfectamente que no era una víctima. Y aunque en la mayoría de las ocasiones asumía su poder personal, en el fondo de su corazón deseaba encontrar un maestro o un gurú que le mostrara el camino, porque se sentía perdida.

Comenzó a observar el medio desde un punto externo. Veía como las personas se consideraban con el derecho de juzgar a los otros y las situaciones, de criticar destructivamente a los demás. Reflexionaba sobre la tristeza individual de sentirse así, de vivir la incomprensión de quien ni siquiera se detuvo a preguntar "¿Qué ha ocurrido?".

Tenemos la manía de arreglar el mundo ajeno desde nuestras perspectivas sin ponernos en los zapatos del otro.

Uno termina asumiendo mucha información nociva, construida con ideas de los demás o por lo que ellos creen que piensan sin conocer a la persona interior, lo que les motiva o con lo que nos prejuiciamos. Es necesario aprender a no juzgar a las personas ni las situaciones. Simplemente debemos aceptar el momento presente tal y como es. Muchos orientales tienen mucha razón al plantear que existe una lucha de egos en occidente. Escondemos de los demás lo que somos, nuestra esencia, para que no nos lastime su rechazo. ¿Qué pasaría si aprendiéramos a aceptar lo que piensan los demás sin que eso nos afecte, sin sentirnos descubiertos y avergonzados por no llenar sus expectativas? Debemos vivir sintiendo que el primer compromiso es con nosotros mismos, y a partir de la autenticidad de sentirnos y aceptarnos tal como somos, interactuar con los demás.

Asociamos emociones que nos persiguen y nos acusan interiormente. Tanta acumulación hace que las personas necesiten un contenedor, es decir, otro ser humano, para verter sus frustraciones e impotencia. Por eso, a veces las opiniones de los demás sobre nosotros ni siquiera tienen que ver con nosotros en sí, sino con ellos mismos, en cómo se sienten, con su visión de la vida.

Esta es la tragedia personal de mucha gente: nos transmiten sus miedos, su sufrimiento y sus creencias... si nosotros lo permitimos. Así, nuestra vida toma forma, color y tamaño en base a sus criterios, aunque en ocasiones nos estemos refiriendo a nuestros propios padres. La única forma de soltar toda esa basura emocional o sacar la presión es, simplemente, soltándola. No hay otra forma. Uno debe decidir si se carga o se impermeabiliza en el exterior cuando su influencia es negativa.

Nadie conoce enteramente al otro, sus motivaciones, sus sentimientos, sus luchas, sus desaciertos y sus sueños. Por eso no podemos tratar de diseñar la vida de los demás cuando la nuestra no está perfectamente organizada ni lo estará. Dar un consejo se vale, pero nunca imponer nuestro criterio. Porque, aunque intencionalmente no queremos dañar al otro, no sabemos si lo que nosotros pensamos está en consonancia con sus sentimientos, sus deseos y sus sueños.

Aunque en el entorno familiar de Luchy nadie jamás quiso dañar su autoestima, los chistes y comentarios sobre su físico le crearon una imagen mental sobre sí misma que llegó a reflejarse hasta en su postura. Siempre caminaba con la cabeza hacia abajo. A pesar de la admiración de las personas por su inteligencia, y de entender que le gustaba su imagen reflejada en el espejo y en las redes sociales, seguía luchando interiormente por desarraigar el dolor y la inseguridad que le producían las imágenes grabada en su mente.

Creemos que con dejar atrás el pasado estamos trascendiéndolo. Pero se requiere de un alto nivel de consciencia y mucha fortaleza emocional para descubrirse, entenderse, aceptarse, amarse y mejorar la versión de uno mismo sin distraerse con el exterior, sin juzgarse a uno mismo y a los demás, y sin querer cambiar al mundo. Al fin y al cabo, para el único trabajo que estamos capacitados y podemos hacer, es con nosotros mismos.

4
Los patrones aprendidos

Ir de casa en casa, y haber estado en diez escuelas en menos de ocho años, le permitió a Luchy conocer muchísimas personas. Pero siempre que hacía algunos amigos, al poco tiempo se perdían con la mudanza. A muchos de ellos nunca tuvo el tiempo de decirles adiós; simplemente, se iba. En un principio, aquella inestabilidad parecía no tener consecuencias, hasta que llegó la edad adulta. Le era complicado mantener un hogar. Las crisis existenciales de sentirse atada a una casa, a una familia, a un esposo o a un lugar le resultaban un gran sacrificio. Aunque conscientemente estaba muy enamorada de su esposo, su inconsciente la llevaba a tomar decisiones contrarias a mantener su relación de pareja, ya que su condicionamiento aprendido era no permanecer mucho tiempo en ninguna parte.

Ella seguía con el mismo ritmo de mudarse todos los años. Las mudanzas constantes de la niñez le habían creado un patrón que le hacía actuar inconsciente de sus propias decisiones. Seguía siendo como ese árbol plantado en un tarro, al que por carecer de raíces profundas cualquier tormenta es capaz de moverlo de lugar. Sentía que el marcharse era solucionar los problemas y que renunciar era resolver las situaciones. Así era como sabía arreglar las cosas. Eso era lo que la vida le había enseñado.

Tenemos una manera particular de ver las situaciones. Dependiendo del carácter que hayamos desarrollado, nuestro lente nos hace creer que las circunstancias son más grandes que nosotros. (Piensa en esto: ¿Serían tus problemas grandes para Donald Trump?). La forma de solucionar los problemas es directamente proporcional a como los vemos. Si la emoción ligada a ellos es negativa, nos hace buscar soluciones deficientes o crear un problema mayor en el futuro para resolver lo que nos aqueja hoy, comprometiendo nuestro mañana y muy posiblemente el de otras personas.

Esto se debe a que el grado de información cargada en nuestro inconsciente viene del aprendizaje que hemos adquirido por el conocimiento (la forma fácil), o por la dura experiencia (los golpes de la vida), datos que hemos guardado de lo que nos ha tocado vivir, mucho de ello sin permiso nuestro siquiera, cómo todo lo visual o auditivo que se presenta en el entorno. Desde insultos personales hasta los programas de TV o las imágenes en internet. Todo esto afecta nuestra manera de tomar decisiones de cualquier tipo, incluyendo aquellas tomadas para la solución de problemas.

Por ejemplo, no es lo mismo tener un accidente de tránsito en Japón que en la República Dominicana. En Japón, regularmente el conductor se responsabiliza y se queda a ayudar al lesionado; sin embargo, la creencia establecida en la República Dominicana es que se debe huir para no perjudicarnos. Todos sabemos que el 98% de las personas no se levanta en la mañana pensando "Saldré y atropellaré a alguien, esa será mi meta de hoy". Es un accidente como su nombre lo indica, por lo tanto, aunque la persona es responsable, no es culpable. Pero la gente se deja llevar por el inconsciente y reacciona automáticamente, perdiendo toda capacidad de pensamiento consciente o racional. Muchas veces el herido fallece por falta de auxilio en esos primeros momentos, lo que lleva a agravar una situación por la forma en que se aborda el problema. Esto es un simple ejemplo de cómo la información que recibimos del inconsciente colectivo, de la cultura en nuestro país,

La basura de tu mente

es más responsable de lo que imaginamos de nuestros condicionamientos y modo de vivir.

El consciente es el general de la tropa y el inconsciente es el batallón. Aunque quien tiene la autoridad es el comandante, los soldados son los que ejecutan. El jefe debe estar muy seguro de sus objetivos, poseer un carácter muy definido para el éxito y tener raíces muy profundas sobre creencias positivas para poder crear las reglas correctas que regirán adecuadamente los procesos automáticos de su batallón. Así es como el inconsciente nos apoya en el logro de las metas sin frustraciones.

La mejor manera de crear el futuro que deseamos es no tomar decisiones apresuradas bajo la influencia de las emociones, sean positivas o negativas. En ningún sentido: ni cuando te enamoras ni cuando te enojas. Siempre hay que mirar al futuro y aplicar una dosis importante de lógica. Un ejemplo interesante es este: *El chico es bellísimo, y además súper cariñoso, pero no estudia ni trabaja. Será cuestión de suerte si las cosas en una relación así llegaran a prosperar en el tiempo.* No quiero presentar una escena en que se dé por sentado que el chico no madurará con el tiempo y que todo terminará siendo color de rosa. Lo que quiero es reflejar qué ocurre cuando los proyectos, las personas y las situaciones se ven solo del lado de la emoción sin establecer el equilibrio necesario con la lógica.

5
Las incoherencias de nuestro inconsciente

Su prima, un año mayor que ella, siempre fue su principal influencia. La admiración y el afecto que sentía por ella la habían convertido en el mayor referente en su adolescencia. Desde muy niña decidió que, aunque no contaba con las condiciones económicas para participar en la alta sociedad de su pueblo natal, Villa Jaragua, tenía que adecuarse a la situación y lidiar con el reto de avanzar aun cuando no tenía los medios, porque quería estar con su prima. Quizás esta decisión nunca tuvo que ver con sus ambiciones, sino con estar cerca de a quién ella siempre consideró como su hermana. Pero una cosa le llevó a la otra, como una conspiración poderosa del destino.

Comenzó a asociarse con los jóvenes de familias económica y socialmente mejor posicionadas. Interactuar en esos círculos acarreaba dos grandes exigencias para ella. Primero, la vestimenta, por lo que la mayoría de las veces usaba la de su prima o era la peor vestida. Segundo, el nivel educativo, pues necesitaba una buena educación para conversar en ese grupo. Aquella comunidad, en la que ella era una especie de intrusa, pues asistía sin ser invitada, le hizo tomar una decisión importante que marcaría el resto de su vida para bien y para mal. Para bien, porque se comprometió a ser la mejor versión de sí misma. El estudio era su única opción de salida, por lo que se aferró a él: el castigo más terrible que podía recibir de su madre era que le escondiera los cuadernos de la escuela. Para mal, porque la raíz de este compromiso estaba condicionada por la necesidad de demostrar su valor. Y esto emocionalmente la llevaba a los extremos para que las personas la aceptaran y creyeran en ella.

Esta actitud de alcanzar el éxito le permitió siempre conocer personas determinantes a lo largo de su vida, así como alcanzar la admiración de la mayoría de sus conocidos. Pero también hacía que sus relaciones siempre terminaran en rupturas o lejanías, porque siempre tenía la necesidad de ir más lejos. Eso le exigía abandonar gente en medio del camino.

En gran medida nuestro entorno es responsable de quienes somos. *"Dime con quien andas y te diré quién eres"*, afirma el dicho. Así como aprendemos un nuevo idioma o asumimos un acento por el simple hecho de vivir en otro país, lo mismo ocurre al exponernos a la información del medio. Las influencias directas de las cinco personas más cercanas a ti tendrán un impacto poderoso en tu manera de ver la vida, en tus decisiones y, por ende, en tus resultados.

Debemos observar a las personas con las que interactuamos diariamente, ver sus actitudes frente a la vida, escuchar más allá de sus palabras y escoger a nuestros influenciadores. Ellos determinarán nuestro crecimiento. Si son personas pesimistas y sin sueños, cada vez que iniciemos algo ellos estarán allí para aconsejarnos y recordarnos sobre lo mal que nos pueden salir las cosas. Sin son conformistas y sin aspiraciones, seremos el blanco fácil de las críticas y comentarios negativos por nuestra ambición. Si con optimistas y decididas, siempre nos estarán motivando a ir más lejos, a perseguir nuevas metas y a sacar lo mejor de nosotros: con sus palabras y acciones harán que queramos crecer. Y si son optimistas e impulsivas, de aquellas que ven todo como posible aun sin medir las consecuencias, entonces nos llevarán a tomar decisiones que pueden o no salir bien. Por lo que debemos ser equilibrados en nuestra amistad con ellos.

De cualquier manera, los resultados de tu vida se pueden medir a partir de quienes te rodean... excepto en el caso de aquellas personas excepcionales y extraordinarias que se salen del molde social, que nadan contra la corriente y cambian la historia de su vida y la de sus generaciones a pesar de todas las adversidades.

El medio tiene muchas maneras de dirigirnos. Otra forma, algo más invasiva a nivel inconsciente son los mensajes subliminares que colocan en la música, en los programas de televisión, en las redes sociales y en los anuncios en las calles. Nos señalan la moda, las marcas, los colores de temporada y la última tecnología. Nos inculcan las razones del nacionalismo o el miedo a otras culturas. Tienen el poder de poner en nuestras mentes información y crear necesidades innecesarias para el consumo masivo de productos y servicios que solo nos llenan el ego.

Un ejemplo interesante es cuando sacamos ropa del armario, no porque esté vieja o ya no nos valga, sino porque ya no está a la moda. ¿Quién define el uso o la vida de la ropa o si a ti aún te gusta? Todos nosotros entramos en este acuerdo de forma inconsciente con la finalidad de encajar socialmente. Si reflexionáramos de forma consciente, quizás gastaríamos menos dinero, cuidaríamos más los recursos del planeta y pensaríamos menos, en el qué dirán. Pero, para ser sinceros, no nos vestimos para nosotros, sino para ganar la aceptación del medio.

Diversos estudios confirman que el inconsciente lee, a través de la ropa que usamos, nuestro nivel socioeconómico. Asimismo, el rostro de una persona dice si es pobre o rica; por lo que de esta lectura depende nuestro deseo de asociación con ella. Recuerdo una anécdota sobre la que me gustaría que reflexionáramos. Es la historia del mendigo frente al templo...

"Todos lo.s feligreses pasaron por su lado haciendo un leve giro para no encontrarse directamente con aquel despojo humano que no había encontrado otro lugar para colocarse, y que les obstruía

su camino para ir a alabar a Dios. A nadie se le ocurrió invitarlo a pasar u ofrecerle algo de comer. Uno que otro sacó unas monedas y se las tiró, sin tocarlo para no contaminar su perfume con la inmundicia de aquel pobre, a pesar de que el mendigo realmente no olía mal. Treinta minutos después fue presentado al grupo el nuevo pastor de la Iglesia. En medio de la felicidad y los aplausos se dejaba ver una que otra cara desencajada por la sorpresa. El pastor, que acababa de llegar, les resultaba bastante familiar. Era el mismo rostro y los ojos grandes color miel que les habían mirado fijamente minutos antes pidiendo una limosna en la puerta del templo. El hombre que estaba sucio y lleno de miseria, ahora lucía un hermoso traje a la medida de una de las mejores marcas y estaba en el púlpito. Sostenía el micrófono con una mano, mientras que, con la otra, y con lágrimas en sus ojos, pedía que cesaran los aplausos. La superficialidad de aquella gente era irónica y, por demás, incoherente con su filosofía consciente. Él quería conocer a las personas de su nueva comunidad. Por eso había ingeniado esa manera de observarles sin que ellos se escondieran tras la máscara social y la diplomacia del entorno".

Jeremías Stepeek

El inconsciente, cuando no es observado y educado con una programación mental consciente, nos traiciona. Creemos que somos dueños de nosotros mismos, pero no es así. Para poder ejercer nuestro libre albedrío, tendremos que estar limpio de toda la basura mental del medio.

6
Somos transparentes

Su postura algo jorobada delataba su manera de sentir, su baja autoestima y su falta de confianza en ella misma. Las fotos y los videos traducían perfectamente en imágenes lo que su inconsciente decía. Siempre se molestaba al ver su apariencia, y casi nunca estaba conforme con ella misma. Encogerse de hombros o caminar mirando hacia el suelo es una manera de esconderse o desconectarse para no tener que presentarse ante el mundo. Así evitaba sentirse observada y vulnerable. Una postura con la frente en alto y el pecho hacia adelante, habla de seguridad y orgullo. También transmite fortaleza y una energía muy poderosa. Aunque conscientemente ella sabía que debía proyectar seguridad, y se empeñaba en adoptar la nueva postura, le seguía ocurriendo lo mismo.

Era necesario identificar, sacar todas esas palabras debilitantes, sanarse internamente y reprogramar el inconsciente para poder asumir una nueva posición ante la vida. Muchos profesionales pueden ayudarnos a entendernos, a ver la realidad desde otra óptica. Pero el verdadero trabajo interior que debe hacer cada uno es responsabilidad individual. Nadie puede transformar ni cambiar al otro, a menos que este haya decidido cambiar.

El universo siempre conspiraba a nuestro favor. Lograba cosas que muchas personas de su nivel socioeconómico jamás habrían soñado. Su talento y deseo de aprender la encaminaron a lugares y personas de un gran liderazgo. Se convirtió en una ferviente admiradora de la superación personal y la automotivación, para poder alcanzar las metas en cada proyecto que se proponía. Pero la información cargada en su inconsciente seguía siendo: "*No soy merecedora de vivir esta realidad*".

Era casi imposible que algunas de sus ideas obtuvieran éxito rotundo en lo financiero y profesional. La búsqueda incesante del reconocimiento y de la admiración de sus conocidos era lo que le movía. Si algo hacía que el público le admirara, eso tenía suficiente importancia por encima de lo económico. Brillante por demás, y con un liderazgo carismático a pesar de sus incongruencias emocionales, lograba que las personas creyeran y se unieran a sus ideas.

Mírenme, yo soy valiosa, soy inteligente, soy buena. Eran en ella dos posiciones opuestas. Por un lado: *mírenme, reconozcan mi valor,* quizás *Fallon,* y por el otro: *no quiero sentirme observada, Luchy.* En realidad, lo único que todos necesitamos es amor. El reconocimiento y la afirmación que no tuvo en la niñez, así como el abandono emocional de nunca sentirse protegida y amada verdaderamente, a pesar del cariño extremo de su madre a kilómetros de distancia, había dejado profundas grietas en la formación de su carácter.

Lo que hacemos y la manera como lo hacemos tiene sus raíces en la búsqueda necesaria de sentirnos apreciados. Esto no tiene que ver con la forma en que nos perciben los demás. Es nuestra propia autovaloración la que nos etiqueta. Mientras mayor es nuestro vacío emocional, más grandes son nuestras ambiciones y deseos de ser reconocidos. Cada uno vive en su propio mundo, a veces con tantas ocupaciones y preocupaciones que no queda tiempo para conocerse a sí mismo y menos para observar a los demás. Sin embargo, todos somos un libro abierto.

Basta con detenernos un momento a ver como las personas accionan y reaccionan de manera inconsciente, para identificar sus necesidades más profundas. Un buen observador es una persona que aprende no sólo a entender a sus semejantes, es posible que también a manipularles. Todos tenemos un punto vulnerable en nuestra psique, sobre todo cuando los valores que mueven nuestra vida están sembrados desde el dolor. Lo peor de todo esto es que nosotros mismos no lo vemos. Es como el punto ciego en los automóviles: el otro vehículo está más cerca de lo que imaginamos, pero no es visible a nuestros ojos.

Así son nuestras carencias emocionales. Vivimos en o con ellas, pero se quedan ocultas hasta que la dura experiencia no las hace visibles y ocurre un cambio radical de información en nuestro cerebro. Un tropezón hace levantar los pies. Los viejos valores se derrumban y nos permitimos desaprender a las viejas creencias cargadas de forma automática. Entonces y sólo entonces nos hacemos conscientes. Se levanta el velo de la verdad ante nuestras narices y observamos un mundo completamente diferente.

Cada uno es otro cada nuevo día. La información que recibimos crea y derrumba paradigmas. La tecnología ha jugado un papel estelar en la vida de muchas personas. Toda la información a la que tenemos acceso en este tiempo nos permite desarrollar creencias basadas en conceptos globales, más allá de nuestra cultura. Ahora tenemos más posibilidades de crear nuestro propio concepto de las cosas y definir nuestra vida en base a lo que deseamos creer. Esto también nos hace vulnerables a toda la información falsa o a adoptar las creencias de personas que quizás no tienen las mismas intensiones que nosotros, por lo que hay que analizar exhaustivamente lo que se escucha y se ve.

Nadie tiene la obligación de seguir siendo como es, Inclusive nuestras células cambian. Podemos cambiar la percepción sobre nosotros mismos, el amor propio y aprender a creer más en nuestro mí mismo, no importa en lo que antes hayamos fallado, lo que digan los demás o las condiciones actuales. Si tú no crees en ti ¿Por qué otro ser humano tiene que hacerlo?

La basura de tu mente

7
El poder de las influencias

Las diferentes temporadas que vivió bajo el mismo techo con su madre podrían sumar un total de unos dos mil días. Después de un gran enojo, de una reacción no controlada o de un arrebato de cólera, Luchy descubría la imagen de una madre sufriendo la impotencia y la tensión emocional por la falta de recursos. Parece de ciencia ficción, pero las personas a quienes más amamos o admiramos son nuestros mayores influenciadores, quienes nos afectan con sus palabras, gestos y acciones, positiva o negativamente, conscientes o inconscientemente.

Con los años, siempre que una situación financiera la desbordaba, se descubría siendo como su madre. Y sin poder controlar sus emociones detonadas en automático, se sentía en la responsabilidad de educarlas. Lo peor de este tipo de realidad es que se transmite como los genes. Las células tienen memoria y no sólo guardan la información biológica, sino también emocional. Así, sin darnos cuenta estamos influenciando a todas nuestras generaciones con una condición que parece inofensiva.

Nuestras acciones comunican sin palabras, y podemos afectar el entorno de manera negativa, aun cuando lo que queremos es corregir o dar lo mejor. No todas las personas son una influencia positiva en nuestra vida. Algunos afectan nuestro sistema de valores y nuestra visión de la vida. En el mundo moderno, la rapidez, las exigencias y hasta nuestras propias frustraciones nos llevan a querer parecernos a alguien que es más "exitoso" o "hermoso" que nosotros según la sociedad... aunque la sociedad seamos todos, incluidos nosotros mismos.

Nos dejamos llevar por las apariencias subidas a Facebook, Instagram o cualquier otra red social. Habitamos en el tremendo vacío de personas que quieren ser o parecerse a otros, sin saber porque.

Los excesos sociales, desde la comida hasta la demostración de los atributos personales, es la moda. Es muy importante preguntarnos: ¿Qué proyectan las personas a las que estamos cediendo el poder de influenciar la mente de nuestras futuras generaciones y la de nosotros mismos, en la música y la televisión, por ejemplo?

Lo que vemos es tan poderoso que incide directamente en nosotros. Es como si la mayoría estuviera leyendo el mismo manual de aprendizaje. Nos ponemos el vestido porque esperamos que nos quede tan perfecto como al maniquí, y hacemos bullying a quienes se salen del molde por cualquier razón.

Sin querer queriendo, terminamos pareciéndonos a lo que menos nos gusta de la sociedad en general, ya sea porque lo dupliquemos nosotros mismos o a través de nuestros hijos. Las personas, después de años de convivir juntas, descubren las similitudes en su comportamiento, aunque en muchos aspectos en los que inicialmente no se estuvo de acuerdo. Sin importar si son pareja, padres e hijos o hermanos, duplicamos su forma inconscientemente, porque es lo habitual, es la zona segura. El inconsciente aprende por repetición. Así como cuando estamos pequeños, que nos repiten *mamá, mamá* doscientas veces, hasta que lo decimos y entendemos que esa señora cariñosa responde muy amablemente cuando lo mencionamos, asimismo lo aprendemos todo. Y si algo en nuestro entorno se hace repetitivo, terminará siendo culturalmente un estigma o esa abolladura o defecto de fábrica.

La basura de tu mente

A Luchy, no le fue complicado adaptarse a otras culturas, a personas distintas o variar su alimentación o cualquier otra situación que le presentara la vida. La inestabilidad en la niñez había sido su mejor escuela y al final cada situación iba encajando, como ese entrenamiento que nos da la vida preparándonos para los retos futuros. Su acento neutral y su manera pausada de conversar le permitieron relacionarse fácilmente con las personas, sin importar su origen o las barreras geográficas de la inmigración.

Salir de turismo a una ciudad desconocida resulta una experiencia hermosa y relajante. Sin embargo, Luchy asumió el reto de vivir en otro país, pensando que lo único que tendría que aprenderse eran sus calles y direcciones. Pero todo a lo que nos exponemos nos influencia. Cuando el cerebro se ve expuesto a todos esos *bits* de información nueva que conscientemente sabe que debe cargar, trabaja más de lo acostumbrado y crea conexiones neuronales que permiten el aprendizaje, sin importar la edad. De hecho, los nuevos retos son algo muy beneficioso, ya que un cerebro con menos actividad se vuelve vago y envejece. El idioma, los acentos, la cultura y las costumbres en general se asumen de forma más rápida cuando recibimos constantemente nueva información y nos vemos obligados a responder ante nuevas y distintas situaciones.

Un ejemplo: Vamos al supermercado donde acostumbramos ir y en menos de 30 minutos es posible haber terminado. Conocemos todos los pasillos y hasta la forma en que están organizados los productos. Es nuestra zona segura, lo conocido. Ahora bien, un día, por cuestión de horarios o de distancia, entramos a otro supermercado de la misma cadena, pero en otra zona de la ciudad, y tardamos el doble del tiempo en comprar, y dejamos por lo menos el 30% de las cosas, porque se nos hace difícil verlas o encontrarlas, aunque estén frente a nosotros. Pero si seguimos haciendo la compra en ese mismo establecimiento, al cabo de unas semanas se programará en nuestra mente la nueva información y se fijará un mapa del lugar como si fuera una foto.

El cerebro inconsciente sabe en menos de 10 segundos si algo va a gustarte o no. Calcula automáticamente toda la información sin tomar en cuenta al consciente. Simplemente te dice: *Me gusta esa casa, ese tipo de carro, ese país o esa persona*. Inconscientemente también podemos llegar a negarnos a ver o aceptar una realidad que no nos gusta. Cuando algo nos hace daño o no somos capaces de asumirlo, el cerebro es capaz de cegarnos completamente a lo que ocurre a nuestro alrededor. Es responsable de poner la información en la parte en desuso, casi como un borrado de memoria, para protegernos del dolor. Sentirnos impotentes ante una realidad social, de alguna manera nos hace ir dejando de lado la visión de ciudadanía, con la esperanza de que aparezca alguien que asuma la responsabilidad de arreglar lo que es responsabilidad de todos pero que no queremos ser el primero en corregir.

Generar cambios importantes y necesarios en nuestra vida, en la cultura de un país o en el inconsciente colectivo, se puede lograr en menos de 10 años. Podríamos crear una realidad distinta. Y aunque todo es perfecto tal y como está en el momento presente, no es menos cierto que es bueno abonar la tierra para obtener mejores frutos en la cosecha.

Los jóvenes denominados *millennials* aprueban y entienden menos de jerarquías que las generaciones anteriores. Su visión del mundo está creada sobre la base de la influencia. Los medios electrónicos han logrado crear una estructura del pensamiento social más basada en lo visual. Es partiendo de este hecho que las herramientas están diseñadas, tanto para lo positivo como para lo negativo. Y no hablo del mundo ideal que existe en la imaginación de cada uno. Hablo de un mundo real donde entendamos la importancia de tu aporte y del mío a este planeta, mientras disfrutemos de él en este plano físico.

Quizás entender lo efímero de la existencia nos puede ayudar a tener una visión más colectiva de la vida desde lo particular. A entender que somos parte de un todo, células en un organismo vivo como la tierra. Todo lo que hago afecta a todos. Mi yo es parte determinante. Lo que me doy a mí misma y como me trato, es como percibo y trato cuanto me rodea. Si no se aspira y acciona por un mejor lugar para la generación de relevo, es porque no hay propósito ni ilusión por la vida. Todo lo bueno que hay en ti te impulsa a compartir.

SEGUNDA PARTE

Si quieres tomar las riendas de tu destino, enfócate en la mente. Esta es a la que debes controlar o ella te controlará a tí.

Anthony Robbins

8
Las carencias afectivas

Mendigamos afectos, dinero, favores y reconocimientos. Es importante entender que podemos entrar en una dinámica nociva frente al espíritu si siempre esperamos que los demás suplan aquello de lo que estamos carentes. Esos vacíos son tan grandes que pueden ser identificados por otras personas a través de las situaciones rogativas y repetitivas, aunque nosotros no nos damos cuenta.

Conocí a una mujer que fue muy apreciada. Era una especie de Madre Teresa de Calcuta. Ella siempre estaba obsequiando cosas. Se responsabilizaba de todo aquel que la necesitara, aun sin tener las condiciones económicas para hacerlo, lo que siempre terminaba en el desgaste financiero familiar. No era raro ver como se quitaba los únicos zapatos que tenía para darlos a otra persona.

Muchos de ustedes pensarán "¡Qué gran ser humano y cuánto amor al prójimo!". Sin embargo, no era así. Estaba buscando aceptación. La mendicidad se disfraza de diferentes poses. Cuando voy más allá de mis posibilidades, e inconscientemente no puedo parar de hacerlo, estoy buscando amor, aceptación, que digan que yo soy bueno. Aun en la abundancia financiera se puede mendigar emocionalmente. Los recursos económicos no suplen los vacíos existenciales. Las experiencias de la niñez tienen mucho que ver con la construcción de nuestra realidad y como percibimos el mundo en la edad adulta, con las emociones que ahora nos mueven.

Si para sentirte parte del medio en que te criaste necesitaste demostrar que eras quien tenía más dinero, el más fuerte o él más buena gente, de adulto, para mantener esa pose y ocultar los condicionamientos inconscientes, estarás tratando de sostener esta máscara, que a medida que pasa el tiempo se vuelve más pesada. Sin darte cuenta este patrón se convierte en una manera de mendigar el afecto, la aprobación y la atención, es decir, la forma de amor que "necesitas". Igualmente, cuando dices "Yo no necesito nada de nadie", es cuando más estás necesitando. Todos precisamos de todos, aunque de diferente manera y de forma equilibrada, en situaciones que no nos hagan daño. Nuestro miedo más profundo es el de sentirnos solos.

Buscar aceptación o el no rechazo de los demás tiene mucho que ver con la construcción de nuestro niño interno. Por ejemplo, aun cuando haya habido prosperidad económica y los padres hayan estado presentes, quizás hubo un momento en que quisiste jugar con otros niños y tu padre no lo permitió, alegando las diferencias de clases sociales. Al decidir dejar de vivir una experiencia que deseábamos para complacer al progenitor, esa situación pudo haber sido determinante en ese momento, y ahora detona las emociones inconscientemente cuando tienes que tratar con las personas de niveles socioeconómicos más deprimidos. En la edad adulta, la persona buscará mantener el estatus porque sus creencias le indican que para ser aceptado o para que le quieran debe demostrar superioridad.

Siempre habrá una lucha interna incansable para mantener esa máscara o pose. Inclusive asumiendo la falta de sinceridad y coherencia con uno mismo. En definitiva, son las sombras, como decía Carl Gustav Jung, fundador de la escuela del Psicoanálisis. Somos luz y sombra. "Hasta que lo inconsciente se haga consciente y se deje ver, será nuestro lado oscuro, el punto ciego de nuestra vida".

Las sombras nos han ayudado a sobrevivir hasta este momento. Se han formado en nuestro inconsciente para mantenernos a vivos en determinados momentos de nuestra vida. Si de niña tus padres eran más atentos y solo estaban presentes cuando estabas enferma, entonces la manera que conoces de lograr atención es mantenerte enferma, y se repetirá este patrón de enfermedad, siempre que te sientas abandonada o sola.

Luchy mantenía en su sentir que el amor es: *yo te apoyo*. Necesitaba que le demostraran el afecto incondicionalmente cediendo ante cuales quiera de sus caprichos. Aprendió que las únicas personas que la amaban, siempre le daban la razón. Como una niña que siempre se sintió sola, con sentimientos de rechazo y abandono, buscaba demostrar su valía para llenar ese vacío emocional. Pero no se sentía capaz de hacerlo por sí misma, por más preparada intelectualmente que estuviera. Solo entendía la expresión del amor como una manera de los demás estar de acuerdo con ella en todo. Esto le llevaba a sentir que, para lograr cualquier cosa en la vida, siempre necesitaba de alguien. Así que esperaba demasiado de los demás, en busca de ese apoyo incondicional que se supone "necesitaba".

Para sanar las sombras se requiere encender nuestra luz interior. Es como entrar a una habitación a oscuras: aunque sabemos cómo está distribuida, terminamos tropezando. En muchas ocasiones nos hacemos los tercos y queremos seguir buscando, en vez de ir directamente al interruptor y encender la luz. Para eso hay que conocer que existen tantas formas de amor como seres humanos en el planeta. Y que la primera y mejor forma de amar es la que nos damos a nosotros mismos. Hay que amarse saludablemente para recibir amor del bueno. Entender nuestra valía sin cargar con la necesidad de caer bien. Relacionarnos desde la libertad. Nuestro espíritu necesita la aceptación del yo interno antes que la de cualquier otra persona. Nadie nos hace nada. Los demás solo reflejan la manera en que nos tratamos a nosotros mismos. Lo que permito o acepto, y cómo reaccionamos ante esos estímulos externos, es una decisión muy particular de cada uno. No hay que tenerles miedo a nuestras sombras. Se trata simplemente de conocernos, para buscar y reconocer dónde fallamos y necesitamos crecer.

La basura de tu mente

Debemos saber que todo es perfecto exactamente como es y que cualquier decisión que tomemos simplemente será una versión diferente de nosotros mismos. Hay circunstancias que calificamos como malas en el presente y de las que luego, en el futuro, entendemos su razón de ser. El plan perfecto en el juego de la vida. Vamos aprendiendo de cada experiencia que vivimos. Así es como vamos entendiendo el propósito, que siempre ha sido conocernos a nosotros mismos para decidir la verdadera felicidad.

Deseamos, nos esforzamos y somos insistentes en lograr cosas que no queremos realmente y que no son saludables para nosotros. Bloqueamos el fluir de la vida, apegados a expectativas o sueños mágicos de situaciones cuyos resultados a la larga no nos beneficiarían. Perdemos lo más valioso que tenemos, la paz, tratando de ganar batallas mentales que no necesitamos, y espiritualmente nos agotamos, porque nos crean contradicciones y luchas internas. Recuerdo mucho a mi buen amigo Eduardo Navas Cobaria. En su libro *Estatus Pelatus* recuerda: "Compramos cosas que no necesitamos, con dinero que no tenemos, para impresionar a gente que ni siquiera nos caen bien". Inconscientemente cambiamos tiempo por dinero, y el dinero por cosas que no son necesarias; sin entender que *el tiempo es nuestra vida*. Es muy fácil distraernos cuando no estamos conectados espiritualmente. Para ser feliz es vital sacar tiempo a diario para comunicarnos con nosotros mismos y saber lo que queremos en realidad. Quitar apegos e inclusive expectativas que nos hacen recorrer un camino que al final nos lleva a la puerta equivocada.

Perdemos de vista y olvidamos muy fácilmente el verdadero propósito del viaje. Nos dejamos arrastrar a cualquier parte que parezca que el pasto está más verde. Si pudieras contarme la historia de tu vida, el último día de tu existencia, ¿Qué me dirías? ¿Me hablarías de tus éxitos profesionales? ¿De la acumulación de ceros que hay en tu cuenta bancaria? ¿De la gente que te hizo daño? ¿De las metas que no lograste? ¿De lo mal que se portaron tus padres o tus hijos? ¿De los arreglos de la casa? ¿De las próximas vacaciones? o ¿De la pareja que no fue como tú querías que fuera? Creo que ese es el único momento en el que estamos realmente conscientes. Cuando alguien afronta una enfermedad terminal y asume que ya no tiene tiempo, comienza a valorar la existencia, a cambiar su vida. Quizás no deberíamos necesitar llegar a ese punto para abrir los ojos.

Entender la fragilidad y lo efímero de esta experiencia nos permite apreciar más todo lo que nos rodea, ir más despacio y disfrutarla a plenitud. La vida no es algo que podamos controlar. De hecho, he llegado a creer que ni Dios se involucra en esas gestiones y papeleos de la muerte. No me lo imagino calculando y anotando quienes partirán hoy y planificando el total de los que fallecerán esta semana. Particularmente no creo que funcionemos así. Pienso que tiene que ver más bien con el receptor que escogemos, el cuidado consciente que le demos al cuerpo y el cumplimiento de un tiempo o propósito en este plano físico. Algo así como cuando un proyecto está diseñado y tenemos los talentos y los dones para desarrollarlo... pero también tenemos un pequeño botón para abortar la misión, llamado libre albedrío, condicionado por la información global, que no nos deja descubrir lo que está en nuestro ser.

Hay un umbral del que no se puede retroceder. Llegamos al óvulo de nuestra madre como un espermatozoide que antes estaba en los testículos del padre, y en la adolescencia de éste, no estábamos en ninguna parte hasta ahora conocida. Sin embargo, ahora estás aquí y no tuviste que gestionar o solicitar un visado para venir a este plano físico. De esa misma manera puedes tener la confianza y la certeza de que todo, absolutamente todo, está listo para que puedas confiar en descubrir quién eres y vivir tu propósito.

No tienes que mendigar nada a la vida y menos a nadie. No lo necesitas. Naciste y vas a morir, te lo aseguro, y cuando te hagas consciente de ello todo será más relajado para ti. La vida se hará más liviana. Llegaste hasta este momento gracias a que has podido sobrevivir de forma casi automática. Pero ahora es el momento de levantarte, de reconocerte y de asumir tu poder de elección consciente que posees.

¿Quién eres? Solo existes tú, aquí y ahora. Todo lo demás está creado en tus recuerdos o en tus expectativas del futuro. La verdadera consciencia es estar presente en este momento, con situaciones o frustraciones, alegría o felicidad. Siempre serás este momento. ¡Vívelo a plenitud! Eso te ayudará a entender mejor la vida y a avanzar en el camino. Además, podrás ver el panorama completo. Sabrás que cada cosa tiene la importancia que tú le das porque la traduces de manera emocional.

No tienes que permanecer de rodillas. Suelta la mendicidad de afectos, de recursos, de reconocimiento. Esas son ataduras. Cuando puedas caminar en libertad sin tantas cargas sociales, verás que se puede ir más rápido. Solo los valientes arrebatarán el reino. Pero ¿Cuál reino? El tuyo. Todos somos reyes y reinas. En nuestro mundo interno; solo que cedemos nuestro poder personal para vivir como esclavos de lo que inconsciente aceptamos.

Todos estamos en el proceso. Hasta el más iluminado está en crecimiento. El conocimiento es saber. Y la sabiduría es aplicarlo. Vivir situaciones complicadas para muchos puede ser la mejor excusa para llorar y detenerse. Sin embargo, cuando abres los ojos entiendes que todo ha sido el resultado de tus procesos de inconsciencia, que todo el tiempo fuiste tú y tus sombras, que nada tiene que ver con los demás. ¡Y esta verdad es liberadora! Piensa, por un momento, si en vez de ser esa persona el protagonista de tu historia, fuera otra, pero con el mismo guion. Siempre serás tú. Por lo tanto, eres quien tiene la libertad de elegir como sentirte. Solo trata de recordar qué hicieron los padres de tus abuelos. Todo pasa, todo se olvida. Con el tiempo todo pierde importancia.

Los ojos de los demás no te ven: te ves tú mismo reflejado en ellos. Sus palabras no te hieren o edifican, son el significado que tú le das. No es su lejanía lo que te duele, es tu soledad interna. No es su vida la que construyes, es la tuya. Solo es tu responsabilidad.

9
Cuando la emoción toma el control, el razonamiento se anula

Parecía que Luchy no estaba tan equivocada cuando decidió darle curso a la imaginación para poderse distraer de tantos momentos de tristeza en su infancia. *Fallon Carrington Colby,* fue ese universo paralelo creado por su mente para poder mantener el lado positivo de la vida. Como cualquier niña, también tuvo sus momentos de alegría. Le encantaba escuchar a su abuelo. Con apenas ocho o nueve años, se sentía viajando a otro mundo cuando él le contaba sus anécdotas.

A medida que los años fueron pasando, su relación con la única figura paterna conocida, el padre de su madre, se volvió más determinante para ella. El abuelo lograba que olvidara cualquier situación negativa, y le hacía tener sentimientos bonitos por ella misma y el mundo. Siempre decía a los demás: "Ella es hija de una botella. Cuídenmela, que si se rompe no hay otra". Con estas palabras hacía referencia a los 12 años en que su madre estuvo tratando de salir embarazada, lo cual solo pudo lograr cuando al fin decidió tomar de una botella preparada con plantas y raíces de la tierra.

Le inculcó el deseo de escuchar las historias de personas mayores. Así aprendería por conocimiento el aprendizaje acumulado que ellas poseen. Descubrió desde entonces que podía ver la vida con otros ojos mientras oía las palabras que transmitían sabiduría. Eran las mejores conversaciones del mundo.

Una vez su abuelo se sentó a su lado en la cama. Ella lloraba. Su corazón acababa de romperse. La vida una vez más había marcado su camino con dolor. La muerte de un ser amado en la juventud es algo que deja huellas muy profundas. Ya el abuelo tenía unos ochenta años llenos de mucha vivencia e importantes experiencias. Huérfano de madre desde los 13 años, y siendo hijo de un padre ausente, a él le había tocado responsabilizarse de su vida y de la de su pequeño hermano de 8 años. Trabajó desde muy joven. Luego prefirió recorrer el país en busca de mejores oportunidades en vez de quedarse a esperar medio plato de comida en la casa de su tía. *Aporo Jum, Aporo Jum...* cantaba su hermano de 8 años a la hora de la comida en casa de su tía, para que él caminara más aprisa y lograra estar presente para el reparto del almuerzo. De no estar en la casa, no comía. Cualquier cosa sería mejor que esa.

Aunque nunca fue a la escuela, la conversación de su abuelo, sus razonamientos y sus historias lograban mantenerla absorta. Ella disfrutaba cada relato. Era como andar por los caminos que él describía, hablar con las personas o sufrir los primeros años de vicisitudes de aquel adolescente que procuraba sobrevivir a la dura realidad. A pesar de, la rudeza que vivió el abuelo en su niñez lo llevó a tener claridad mental, mucha disciplina en el trabajo y una forma de ser muy desarrollada mental y emocionalmente.

"El tiempo todo lo cura hijita, ya verás que el dolor se irá", le decía el abuelo junto a su cama, "El recuerdo jamás nos deja, pero con el tiempo la pena pasa". Ese fue uno de los ciclos más devastadores de su vida. Estar enamorada de su pareja y perderla en un accidente de tránsito, instantáneamente, no es algo para lo que la mente está racionalmente preparada; pero, a todo puede uno adaptarse.

Cuando la emoción sube, el razonamiento baja, y todo lo vemos no como es, sino como queremos que sea. El intelecto se anula cuando estamos exaltados. Dejamos de pensar correctamente bajo la influencia positiva o negativa de las emociones. "Me quiero morir, abuelo", ella le decía, "No voy a poder vivir con esta tristeza". Él pasaba la mano por su rostro, le miraba fijamente con ternura, y buscaba consolarla contándole historias acerca de cómo todo, absolutamente todo, por difícil que parezca, se puede superar en esta vida.

Todos los momentos son circunstanciales. Pero mientras se está experimentando la situación, parece que no van a acabar nunca. A pesar de que toda la vida hemos atravesado por momentos complicados y los hemos superado de una u otra manera, nos seguimos encerrando en la idea del problema. Saboreamos el malestar por días. Buscamos canciones que nos recuerden la situación. Hablamos de ella y nos doblegamos ante la vida para tener la razón: soy víctima. A veces nos volvemos adictos a sentirnos mal, al punto de que si no tenemos una verdadera razón para sentirnos así, asumimos el problema ajeno para estar preocupados por algo.

La preocupación es una situación aprendida socialmente. Creemos que ser adultos trae consigo las preocupaciones, tristezas y sinsabores de la vida. Y es cierto. Las situaciones existen. Eso no lo podemos cambiar. Pero ¿Para qué nos valen el estrés, el miedo, la ansiedad y la tristeza cuando tenemos que resolver los problemas? Con eso no se soluciona nada. Ni se pagan las deudas. Todo lo contrario: los químicos que esos sentimientos producen, como el cortisol, nos nublan el razonamiento, no nos dejan encontrar las soluciones más viables y nos enferman. Es decir, no nos dejan ocuparnos, que es lo único que debemos hacer.

A quienes se toman la vida con buen humor o no permiten que su mente se ahogue en los problemas, se les llaman sinvergüenzas o descerebrados, debido a que no razonan como la mayoría. Quizás sin darse cuenta, estos "locos" son los más cuerdos, porque están alineados de la forma en que todos de alguna manera deberíamos ver la vida, sin dejar de accionar, que es como logramos remediar el problema.

Si la mente es la responsable del razonamiento, y es la que crea las imágenes mentales que nos llevan a la preocupación, sería importante saber ¿Cómo ella funciona? Según Alejandro Peña, en Okdiario.com, "la mente es el nombre más común dado al fenómeno emergente que es responsable del entendimiento, la capacidad de crear pensamientos, la creatividad, el aprendizaje, el raciocinio, la percepción, la emoción, la memoria, la imaginación, la voluntad y otras tantas habilidades cognitivas".

Nuestra mente reacciona por causas externas. Responde a todo lo que vemos, escuchamos, olemos o tocamos; ante todo movimiento y ante todas nuestras experiencias. Posteriormente, son interpretadas por el yo, por el ego, basado en un historial de experiencias. Estas son reacciones mecánicas de defensa para sobrevivir. Un ejemplo interesante es que la infidelidad de la pareja nunca dolería si no nos enteráramos del suceso. De hecho, en algunas culturas no es un problema convivir con varias parejas en la misma casa; eso es parte de su visión del mundo, por lo que es "algo normal", no está dentro de sus experiencias estructurado como algo malo. Esto significa que la mente no la utilizamos conscientemente. El ego dirige nuestra vida por medio de la mente. Así, podemos presentar tantas formas de pensar como yoes existan en nuestro interior.

La mente integra diversas facultades del cerebro. Nos permite reunir información, razonar y extraer conclusiones. Nuestra actividad mental tiene tres tipos de procesos: los conscientes, los inconscientes y los procedimentales. También abarca funciones no intelectuales y funciones afectivas. Las funciones del cerebro incluyen el control muscular y la coordinación de nuestros cuerpos, la recepción sensorial y la integración, la producción del habla, la memoria de almacenamiento y la elaboración del pensamiento y el conocimiento.

Una cosa es el cerebro y el encéfalo. Otra es la mente. Esta última no es el cerebro, sino la interacción entre el cerebro y el medio. Sin medio no hay mente. De hecho, individuos aislados por completo terminan muriendo de forma prematura. Sin interacción social no existe el ser humano, pues se trata de un ente fundamentalmente comunitario. Por tanto, esencialmente necesita interactuar. Una persona que no interactúa es como una excelente computadora que está dotada de todos los programas pero que no utiliza ninguno. La falta de interacción produce depresión en los humanos.

Si la mente es educada y controlada, responderá positivamente a nuestro mandato. Si le permitimos tomar el control, utilizará todas las experiencias negativas posibles para recordarnos constantemente quién manda a través de nuestros miedos.

Es importante que entiendas que la misma información que ha utilizado tu mente para lograr que sobrevivas hasta este momento, posiblemente también sea la que te está limitando, la que te impide tomar riesgos, la que no te deja avanzar hacia los nuevos niveles que quieres alcanzar. Vamos a crear una imagen mental...

> *"Un hombre al que su esposa le ha sido infiel, crea una coraza emocional para evitar que se repita una situación semejante. Su miedo de volver a sufrir no le permite mantener una relación de pareja estable, lo que le lleva a vivir una lucha interna cada vez que quiere enamorarse y sus experiencias lo dominan a través de su sistema de creencias. Para superar este condicionamiento de la mente y avanzar en cualquier área de la vida es determinante conocer que cada día vamos creciendo y cambiando, que las experiencias del pasado ya no existen y que la vida es nuestro propio experimento. Las cosas pueden salir o no como queremos, pero perder las esperanzas y dejar de esperar que nos ocurra lo mejor, nunca puede ser una opción".*

Has una revisión exhaustiva del reino de tu mente. Ese es tu campo de batalla, donde puedes conquistarte o perderte a ti mismo. Haz una limpieza total de todo lo que no necesitas para avanzar. Envía a la parte en desuso de la memoria las emociones negativas que producen los malos recuerdos. Deja fuera de tu vida a las personas cuyo diálogo te debilita y te hace sentir pequeño. Manda por el desagüe la desconfianza en ti mismo y las experiencias que no salieron bien. Solo saca la sabiduría de cada instante recorrido. Entrena la mente para que te apoye en tus metas. Examina diariamente tus pensamientos. Solo permítete los positivos. Ellos no se detienen solos, y menos si lo pides de rodillas. Cuando la mente no está entrenada, si tratas por un momento de estar en paz, ella buscará pensamientos y razonamientos, los traerá a tu cabeza y no te dejará dormir. Te descubrirás pensando en situaciones o personas que no quieres. Se vuelve tu enemiga más cercana, para atormentarte, recordarte y acusarte. Te hace pensar que los demás tienen una idea de ti que no es ni parecida a la verdad. Ella puede ser tu peor adversaria o tu mejor aliada. Eso dependerá de ti. El mayor reto a cumplir es educarla.

No permitas que tantas distracciones y estímulos exteriores dirijan tu vida. Debes entrenar tu mente. Eso se lleva su tiempo, pero es vital para una vida plena. Saca unos minutos diarios para hacer el vago. Durante ese momento, no te preocupes ni te ocupes de nada; extirpa toda culpabilidad por lo que deberías estar haciendo en este momento. Este es tu instante. Ahora y simplemente ahora concéntrate en ti mismo, en respirar, en dormir o en distraerte. Esto es muy necesario para relajarla cada día. Utiliza un minuto diario de cada hora para sentir tu presencia, saber dónde estás realmente. Come despacio, saborea la comida, vive el amor con ganas, ejercítate, ponte en contacto con la naturaleza y encuéntrate en cada minuto sabiendo que estás en tu vida, que estás viviendo tus experiencias y experimentando el placer de ser tú. Muchas veces nosotros somos los más ausentes en nuestro viaje. ¿Te has preguntado alguna vez si este minuto fuera el último de tu vida?. ¡Nunca te has planteado esa posibilidad!. No te tomes la vida en automático ni des nada por sentado. La vida es ahora. No tienes el control sobre el mañana.

10
Todas las decisiones son emocionales

¿Sabes cuál es tu sentimiento predominante a la hora de tomar decisiones? La mayoría de las personas no elige lo que quiere, sino lo que le "conviene". Socialmente nos han enseñado a pensar que la felicidad está ligada a una situación, a un objeto o a una persona que puede cumplir nuestros más ansiados deseos. Escogemos carrera, empleo, emprendimiento, lugar de residencia y hasta una pareja por bienestar y no por lo que sentimos.

Nuestra disyuntiva siempre es *¿Qué siento?* / *¿Qué pienso?* Los pensamientos son filtrados por la mente, la cual, a su vez, está cargada con toda la información social que produce el medio. Por eso, dependiendo de la cultura, la sensación de realización estará ligada inevitablemente a la acumulación de riquezas muy por encima del ser, aunque una parte no está divorciada de la otra. Parecerá ilógico, pero detrás de cada decisión dónde solo buscamos seguridad, hay una raíz de miedo. Por ejemplo:

-No puedo dejar este trabajo que detesto, porque ¿De qué voy a vivir?

-La carrera que me gustaría estudiar no deja dinero.

-El hombre que quiero no tiene un buen empleo.

Nos pasamos la vida tomando decisiones muy pensadas, lógicas y objetivas que sin embargo no nos satisfacen. Vivimos en la sociedad de la amargura y de la depresión, de la búsqueda constante de algo que no sabemos qué es y que al encontrarlo descubrimos que eso no era, e iniciamos una nueva búsqueda. ¿Estarán relacionados los frutos que cosechamos en la vida con las semillas de miedo que sembramos en cada elección? Lo raro de nuestra insensatez es que en el atardecer de la vida nos damos cuenta de que siempre estuvimos equivocados. Que se nos fue el tiempo detrás de cosas que ni siquiera queríamos. De que nunca nos detuvimos a descubrirnos y conocernos realmente, a entendernos mejor. ¿Te gustaría vivir haciéndole el amor a la vida?, ¿Realizar las cosas que te gustan, y que encima te paguen por ello?, ¿Disfrutar de las sensaciones más plenas que podrías sentir, cuando trabajas, emprendes, estudias o compartes con tu pareja?, ¿Te gustaría apostar por ti?, ¿Que tus decisiones y acciones estuvieran alineadas con quién eres?

El autoconocimiento es determinante para tener una vida excitante. Nos permite saber qué detona nuestras emociones; conocer lo que nos gusta y lo que estamos dispuestos a permitir o a arriesgar; identificar y afrontar nuestros miedos; superar todos los obstáculos y retos; creer más en nosotros mismos. Para eso hay que alinear lo que queremos con lo que somos y con lo que hacemos, el yo interior con nuestro mundo físico. Es la experiencia más plena y satisfactoria que podemos tener, a pesar de las circunstancias y situaciones. Y aunque ser fiel al verdadero mí mismo, no al yo creado socialmente, puede parecer una actitud egoísta, es la única manera de dar lo mejor que hay en nosotros a los demás. Al fin al cabo nos pasamos la vida y gastamos dinero comprando cosas originales y únicas. Sin embargo, a nosotros nos asusta vivir nuestra verdadera identidad.

Casi ninguno de nosotros sabe identificar la procedencia de nuestros sentimientos ¿Qué nos impulsa a la hora de relacionarnos con los demás? ¿Sabemos disfrutar a plenitud de la compañía de otras personas durante este trayecto llamado vida? ¿Vivimos en un constante drama de insatisfacción o frustración por cambiarlo todo?

Estamos habituados a la infelicidad, pero no lo sabemos. En nuestras relaciones interpersonales confundimos el ego con el amor. Creemos que la realidad se debe construir en base a nuestras expectativas. El ego es lo que yo espero de ti, y si no me lo das, no me quieres. El amor es lo que yo te doy, sin esperar nada a cambio.

Cuando actuamos desde el ego, nuestras relaciones son un negocio emocional mediante el que buscamos suplir una carencia afectiva que hemos generado desde la niñez, y que inconscientemente deseamos que la otra persona adivine y supla. ¡Vaya responsabilidad para otro ser humano, al que tampoco se le ha enseñado a identificar y lidiar con sus propias necesidades!.

El hombre se identifica con esa imagen de *sí mismo* que le hace creer que es sus propias experiencias y expectativas. Va creando una idea equivocada de lo que desea en la vida, en base a la información que tiene grabada en el inconsciente por el medio que le rodea. No entiende que tampoco eso le va a traer felicidad en la vida, porque no es una decisión fiel a su yo interno, sino a lo que ha idealizado en un pensamiento mágico con el que no se puede competir. Esta es la razón por la que aun obteniendo algo que "quiere" o experimentando bienestar, no está conforme o feliz.

Otro aspecto importante es la lucha de poder que mantenemos con el otro, que no es más que nuestra propia incertidumbre al no saber definir exactamente qué necesitamos para llenar ese vacío interior que sentimos. Preferimos responsabilizar a los demás de nuestro drama interno, para no tener que afrontar que somos nosotros mismos los primeros que no nos aceptamos tal como somos ni entendemos. Queremos controlarlo todo. Buscamos en el otro la perfección que nosotros no somos capaces de dar. ¿A qué se debe esto?. Egocentrismo, quizás; querer recibir sin dar o dar esperando una retribución, tal vez. Sé tú, quien yo espero que seas. Llena mis expectativas renunciando a ti mismo, a lo que deseas, para complacerme a mí. ¡Y aun así no es suficiente!, porque ni yo mismo sé lo que quiero realmente.

Un ejercicio interesante para la vida es asumir el amor desde el estado mental de libertad absoluta, sin pretender atar al otro a nosotros emocionalmente, hasta entender que los sentimientos son mayores que las expectativas o se tenga la madurez suficiente para soltar los apegos que genera el ego y que nos hace pensar que somos seres incompletos.

¿Qué te dirías el último día de tu vida?, ¿Estarías conforme o habría tantas cosas que no hiciste por miedo, que sentirías que necesitas otra oportunidad para hacerlo mejor?. Ver la vida de futuro a presente nos ayuda a crear la ruta más parecida a lo que queremos que sea el mañana. Verla desde el sueño, la imaginación y la visualización, quitando toda expectativa y ansiedad, nos permite que cada decisión tomada nos encamine a nosotros mismos. Ser el arquitecto de nuestra propia vida.

Creamos el plano y vamos construyendo y diseñando nuestros espacios como deberían quedar. Es lo mismo que decir: Si deseo un amor cariñoso, atento, sabio y responsable, por favor, que también sea bien parecido. No puedo aceptar una pareja desapegada, brusca, intolerante y despreocupada para cambiarle. Si te enamoraste de Drake el Ogro, y le quieres, la mejor forma de demostrarle amor es dejarle ser. Lo aceptas o no, pero no quieras convertirlo en el príncipe encantado de tus sueños. Diseña exactamente lo que quieres y no entres en el cansancio de hacer cosas que te quiten la vida en el proceso de querer cambiar al otro.

Mucho tiempo de aprendizaje y ver la vida en retrospectiva nos permite tomar conciencia de que, con los años, quienes vamos cambiando la forma de pensar somos nosotros. Las prioridades cambian, el proceso de saber qué realmente se quiere de la vida nos permite hacer un alto en el camino y retornar nuevamente, sin dolor ni arrepentimientos. No es la vida de nadie, sino la propia. En todo caso, cualquier daño recibido solo es a uno mismo. Todo lo demás son efectos colaterales que utiliza la vida como espejo para enseñarnos.

Montarse en el autobús que te lleva a Santiago cuando quieres ir a Barahona, más que un error es una distracción, diría la gente. Así tomamos la mayoría de las decisiones en nuestra vida, y Luchy, como el resto de los mortales, no era la excepción a la regla. Cuando comienzas a ver la vida únicamente desde lo que conviene, pierdes el sentido de la existencia. Y aunque las intenciones sean buenas, te vas perdiendo a ti mismo en el proceso.

"No olvides lo más importante"

"Quería darle lo mejor a mis hijos", se decía Luchy, y esa era la excusa, y por eso las 16 horas de trabajo al día. Y apenas contaba con 15 minutos para verlos y compartir con ellos. Era una decisión basada en el amor. ¿Pero en el amor a quién? A medida que pasaban los días, los iba perdiendo poco a poco, y con su nivel de estrés, solo lograba una falta de entendimiento y disgustos que no le dejaba ver la genialidad en ellos, pues entendía que no era el momento de ellos asumir la responsabilidad y las cargas autoimpuestas que se van adoptando con los compromisos de la vida.

La historia de una mendiga le hizo despertar. Ella estaba frente a una cueva, con su bebé de apenas meses de nacido, en busca de algo. Decían que en ese lugar había oro y que la entrada solo se abría una vez cada 20 años durante 20 minutos tras el paso de una estrella fugaz. Ya habían pasado dos décadas desde la última vez. La señora, que no tenía ni para comer, decidió ir a sentarse a esperar en la entrada más de 16 horas cada día, pensando que era su única opción de vida. Al pasar los días, ilusionada pero cada vez más hambrienta, se desesperaba. Una noche pasó la tan esperada estrella. Las puertas se abrieron y allí estaba el tesoro.

¡Cuánto oro y piedras preciosas había en el lugar!. Era increíble ver los largos pasillos de cofres llenos. El brillo y las lágrimas de la emoción cegaban sus ojos. Al lado de cada cofre había un letrero

La basura de tu mente [67]

que decía "No olvides lo más importante". Ella agarró una de las sábanas en que estaba envuelto su bebe y la utilizó como saco para sacar el tesoro. Era complicado cargarlo con el niño a cuestas, por lo que lo recostó cuidadosamente en un lado dentro de la cueva. Solo tenía 20 minutos para sacar todo cuanto pudiera de la cueva. Después las puertas se cerrarían para siempre.

Comenzó a envolver la sábana llena y a sacar el tesoro. Su mente solo pensaba en conseguir la mayor cantidad para vivir feliz el resto de la vida. Nunca se detuvo. Trabajó hasta el cansancio durante largos minutos y por fin decidió descansar en la entrada, porque ya no podía más. Ese letrero tan repetitivo y molesto colocado al frente de cada cofre no se apartaba de su mente: "No olvides lo más importante". Lo vio tantas veces, que pensaba que lo llevaba en las narices. De pronto la entrada se cerró. Ella estaba contenta de haber podido trabajar tanto y de lograr la meta tan deseada. Aunque muy cansada, estaba muy feliz por todo lo alcanzado. Fue entonces cuando recordó que era lo más importante: Su bebé... ¡Pero el bebé se le había quedado dentro de la cueva!.

En muchas ocasiones este es el criterio que utilizamos para tomar las decisiones en la vida. Le perdemos el sabor al momento presente y nos olvidamos de la familia por las glorias del mañana. Dejamos de vivir por sobrevivir. En medio de las dificultades es muy fácil renunciar a lo que amas y tomar decisiones con intención de tener una mejor vida.

Resulta igual, a cuando te sientes observado y juzgado por los demás; cuando te desesperas sin ver los resultados, y cuando sientes que no hay salida, es normal que quieras darte por vencido creyendo que solo se trata de ti. Las decisiones no tienen que ser fáciles, pero lo más importante es que sean equilibradas.

La definición de la palabra ´normal´ es la siguiente: que se ajusta a cierta norma o a características habituales o corrientes, sin exceder ni adolecer. Quieres ser normal en un mundo donde las normas son deficientes. Pon todo tu corazón y toda tu mente en tus decisiones. Escucha al mundo y decide por ti, sin dejar lo más importante en la cueva.

A Luchy nadie la había orientado para saber tomar decisiones. La alimentaron y creció físicamente, pero nadie se dedicó a educarla, tal como ocurre a la mayoría de las personas en países subdesarrollados. Aprendemos en el automático de la vida. Cada uno tiene un algo que le impulsa a seguir adelante. Nadie toma nunca una decisión pensando: "Esta elección es para que me vaya muy mal; mientras peor sea, mejor". Siempre perseguimos el mejor resultado, pero nadie nos ha enseñado a vivir, porque quizás tampoco ellos lo sepan. Existe un velo o cortina que se va quitando con los años, dejándonos ver el panorama completo. Y cuando miramos hacia atrás, entendemos nuestros desaciertos. En ese momento, no obstante, debemos perdonarnos. En aquel instante eras la persona más adecuada para tomar esa decisión, y sea lo que fuese que resultó de tu elección, eso te ha permitido crecer y ser la persona que eres hoy. Solo espero que recuerdes, que igualmente hoy tomarás las que podrás observar mañana. Así que procura hacerlo con consciencia.

Tampoco se vale castigarse por el pasado. Fue el precio que pagaste por el aprendizaje. Te graduaste *summa cum laude* en ti mismo. Tu título es el conocimiento. Aplícalo. Solo quita la emoción y verás que el recuerdo apenas está en la mente. Ya no existe, si quitas la emoción solo está la experiencia, y puedes avanzar con la experiencia sin dolor.

Puedes despojarte de los recuerdos amargos y ser nuevo cada día. Puedes lograr las metas que no has alcanzado por miedo al sufrimiento. Quizás el matrimonio o el proyecto en el que pusiste tantas expectativas, no funcionó, y ahora tienes miedo a intentarlo de nuevo. La única persona que te está limitando eres tú, y no tienes nada que perder, arriésgate, es una nueva experiencia. Si mides este presente con los parámetros de tu pasado, estás condenando a repetir una realidad, es tu costal de piña, que no solo te pesa, también te lastima. Vive tu experiencia nueva, cada día es completamente distinto al anterior. Te aseguro que no necesitas vivir el mismo resultado para tener razón, es un precio muy alto. Toma decisiones libres del impuesto del ayer.

La basura de tu mente

11
Todos tenemos la razón

Algunos te amarán por lo que eres y otros te odiarán por esa misma razón... Escuché esta frase hace algún tiempo y decidí acogerla ente mis favoritas. En España se dice: "No soy un billete de quinientos euros para caerle bien a todo el mundo". Muchas personas del entorno no entenderán tu manera de pensar o tu forma de ser, ni tus sueños o intereses en la vida. Es posible que tengas que afrontar situaciones complicadas tan solo por defender tu manera de ver las cosas.

Y no podemos responsabilizar a los demás de no tener el mismo criterio. Ellos no tienen nuestras experiencias ni sueños. No imaginan lo valioso que puede ser ese logro, lo que representa emocionalmente en nuestra vida. A veces queremos que vean con nuestros ojos lo que pensamos y sentimos, especialmente nuestra familia, olvidándonos de que ellos tienen su visión particular y sus propios razonamientos, al igual que nosotros. Por eso es tan complicado para nuestros seres más cercanos apoyarnos al principio en proyectos de emprendimiento o en las bellas artes, si no tienen alma de artista o una visión más creativa y abierta de la vida.

El cristal con el que miras la realidad definirá el significado que des a las cosas. Dos personas pueden querer exactamente lo mismo, pero su forma de lograrlo será completamente diferente. Existe mucho conflicto en los matrimonios, entre padres e hijos, entre los hermanos y las sociedades empresariales por no entender esta concepción de la vida, de las diferencias. Es tan interesante y claro el diseño de la variedad en el universo, que ni siquiera las huellas digitales o los dedos de las manos son iguales. La semejanza radica en que todos somos "humanos". Pero interiormente somos seres libres de pensar, sentir y vivir, porque somos espíritu, y nuestra esencia es tan diversa como nuestro mismo planeta, aunque han querido encajarnos en un solo modelo.

La mayoría de las personas no tenemos una bola mágica para adivinar el futuro. Solo tenemos el presente para construir o disfrutar, y elegir un futuro posible entre muchas posibilidades. Esto podemos visualizarlo. Podemos planear y accionar en el aquí y ahora para que lo que deseamos se realice y poder vivirlo mañana, si estamos en este plano físico. Si bien, no tenemos la certeza de que será exactamente como las expectativas que atesoramos. En todo caso, las personas nada más creen en lo que existe en lo físico, en lo que son capaces de edificar o demostrar con los hechos. Por eso no esperes que crean en ti para tú creer en ti mismo. Tú debes convertirte tu gran motivador y tu mayor fan.

La confianza que tenemos en nosotros mismos logrará darnos el impulso para ir en dirección a nuestros sueños. Pero la confianza de los demás vendrá a nosotros a medida que vayamos alcanzando los objetivos planteados. Al inicio, la mayoría te dirá que no lo vas a lograr, que otros lo han intentado, que no tienes las condiciones. Cuando lo estés haciendo, la frase favorita será: "Eso es muy difícil", y después que lo logres, todos afirmarán que siempre confiaron en ti y que estaban seguros que lo lograrías, que siempre lo creyeron. Esto no te hace especial ni una víctima de los demás. Todos estamos programados para pensar de la misma manera.

Es insensatez querer definir o diseñar la vida de otros cuando aún estamos buscando nuestras propias respuestas. Pero a veces, nos

La basura de tu mente

empeñamos en eso. Lo más fácil es querer discutir y tratar de imponer nuestro criterio. Y lo más complejo es aceptar y tratar de entender a los demás y dejarles ser, porque eso rompe con nuestro modelo de crianza. Alguien siempre estuvo allí para decirnos cómo hacer las cosas: nuestros padres y familiares, los maestros, los jefes. Es por eso que soltar esta conducta nos cuesta.

Resulta bastante difícil desaprender cuando nos consideramos demasiado inteligentes o, de mayor edad, cuando creemos que nos las sabemos todas. Pero, la tecnología ha hecho que debamos aceptar y pasar la razón a los más jóvenes, pues hay muchas situaciones en las que ellos son más hábiles o tienen más conocimientos que nosotros. De todo y de todos se aprende si somos sabios para escuchar y observar sin prejuicios.

Fluir significa aceptar, dejar ser, permitir a la vida seguir su curso. Cuando el agua encuentra a su paso una montaña, nunca se pelea con ella, se sumerge en su interior creando un río subterráneo o la bordea, pero no lucha. Le hemos negado a Dios y al universo las posibilidades de obrar grande y abundantemente en nuestra vida con nuestro empecinamiento de saber y de querer hacer, sobre todo en los otros. Parece que es más fácil tener las "respuestas" cuando no nos duele y emocionalmente no estamos comprometidos.

Aprendamos a llevar menos cargas. Soltemos esa batalla de gustar siempre a los otros, o la de estar de acuerdo en todo, o la de tener siempre la razón. Dejemos de ver la vida desde ojos ajenos y de querer cambiar a los demás. Eso nos ayuda a ir más livianos por la vida, a llegar más rápido a donde sea que vayamos y a estar más sanos emocional y espiritualmente. Los demás percibirán nuestra fortaleza de carácter, se sentirán más cómodos en nuestra compañía y se hará evidente la diferencia dentro de la semejanza.

A Luchy le costó mucho entender que no necesitaba de la aprobación de los demás, que no necesitaba batallas innecesarias en su vida. Un día, después de mucho cansancio y mucha frustración, entendió que mientras iba tras ese buscar significado, persiguiendo la fama, perdía un tiempo precioso de disfrutar el construir la vida a plenitud. Nadie le estaba esperando, pero su ritmo de vida se asemejaba a un corredor de velocidad. Había subido su propia montaña, sin agua y ni descanso.

Exhausta por los empujones del destino, solamente se dedicó a luchar por lo que creía que le llevaría al éxito, y así caer bien al mundo, ser aceptada, buscando el amor que sentía que le faltaba. En su mente había mucha turbulencia, debido a las responsabilidades, las obligaciones y los sueños. Se perdía en sus propias presiones. La película *El guerrero pacífico* influyó muy positivamente en su cambio de creencias. Sobre todo, en una escena donde Dan, el protagonista de la historia, realiza un viaje a la montaña acompañado por su guía. Durante todo el camino disfrutó de la belleza del recorrido.

A pesar de ello, al llegar a la meta, se sintió defraudado, al entender que aquello sorprendente que pensó encontrar en la cima era una simple roca. Muy enojado reclamó a su sabio maestro por el engaño del que se sentía objeto. Este, sonriendo, le preguntó: "¿Qué es lo más importante?". Al principio Dan no pensaba. Su razonamiento estaba nublado por el enojo. Hasta que por un instante hubo claridad mental y despertó. Levantó la cabeza, y le dijo: "Lo importante es el camino, no el destino". Es en el camino donde está la belleza de la vida, en disfrutar cada instante sin la lucha interior de llegar a alguna parte, de ser o parecer ser. Ya somos este momento, y debemos aceptarlo tal como es y agradecerlo, sin perder el sentido de conocer que crecemos cada día y que solo en el presente podemos construir o mejorar cualquier cosa que deseemos.

Con el tiempo todo para ella cambió. Cuando dejó de perseguir el sueño y despertó a la realidad, el sueño se hizo realidad. Lo paradójico es creer que se puede lograr el deseo mientras estamos dormidos o ausentes en nuestra propia existencia. ¡Un par de estrujones de la vida y los ojos se abren!.

Vivir es sentir hoy. No puedes llegar al último día de tu vida esperando que ocurra algo. Acepta y disfruta lo mejor de este instante mientras vas en ascenso. Entonces, sin estrés, con tranquilidad y equilibrio, ella comenzó a concretar todo lo que antes eran ilusiones. Pues su mente, presa de la ansiedad, nunca le había permitido tener pensamientos claros. Hasta que entendió que no era un billete de 500 euros, que no tenía porque ser comprendida por todos y que tampoco lo necesitaba. Entonces soltó la carga y, por primera vez, estuvo pensando en ella misma y no en lo que pensaran los demás.

12
Si no educas tu mente, ella te esclaviza

Luchy estaba completamente paralizada. De sus ojos brotaban lágrimas que no podía detener. No le salían las palabras. Estaba tan nerviosa que apenas podía sostener el teléfono. Intento tras intento, no podía comunicarse. Al salir de aquella reunión, su celular registraba 14 llamadas perdidas. Su primer pensamiento fue "Mi madre ha fallecido o pasó algo muy grave en la casa, para que hayan repetido tantas llamadas seguidas". Su mente estaba tan predispuesta, debido a sus experiencias de vida, que solo organizó la realidad más parecida a lo que conocía: las desgracias. El teléfono seguía ocupado, lo que parecía confirmar su sospecha de que lo ocurrido seguramente era algo bastante lamentable. Su casa materna estaba a ocho mil kilómetros de distancia y no sabía qué hacer en un momento así.

Una hora antes, cuando llegaba a la reunión, su celular timbró. Era su madre. Le resultó extraño que le llamase tan temprano en la mañana, debido a la diferencia horaria. Tuvieron una conversación breve, pues no contaba con mucho tiempo. Al despedirse, le dijo a su madre: "Te llamaré un poco más tarde, al salir de la reunión", y la madre le respondió: "Sí, hija, llámame. Te llamé tan temprano porque no he podido dormir; me duele mucho la cabeza. Debo tener la tensión alta. Tomaré algo y volveré a la cama".

El ruido de la Gran Vía, en pleno centro de Madrid, no logró distraer a Luchy. Su único pensamiento era salir corriendo para la casa, comprar un boleto aéreo y viajar. Al encender el carro estaba tan intranquila, que a su cerebro consciente no le quedó otro remedio que asumir el control en ese momento, por supervivencia. Pero tuvo un momento de claridad mental y decidió llamar a alguien más de la familia.

Un minuto después su prima la tranquilizaba al contarle que todo estaba bien. "Las malas noticias son las primeras que se saben, y por aquí todo está tranquilo", le decía. En seguida timbró la llamada más deseada para ella en ese momento. Era la voz de su madre, quien le contó lo ocurrido. "Después que te llamé, los niños se despertaron. Querían hablar contigo. Como estabas con mucha prisa, les dije que no. Después de irme a la cocina a tomar agua, ellos agarraron el teléfono y remarcaron el último número tantas veces como te aparecieron a ti, hasta que se cansaron y luego dejaron el aparato mal colgado".

Así nos ocurre miles de veces. Creamos historias sobre nosotros y sobre los otros de forma constante. A veces nos prejuiciamos creyendo que una persona es de tal o cual manera, o que va a comportarse de una u otra forma. A esto se le ha denominado *pensamiento mágico*.

Helena Matute, catedrática de psicología experimental en la Universidad de Deusto, en Bilbao, investiga sobre como aprendemos (sesgos cognitivos, asociaciones mentales, supersticiones, pseudociencias, ilusiones causales, aprendizaje asociativo y memoria), así como sobre Psicología de las Nuevas Tecnologías (relaciones entre humanos e inteligencias artificiales, aspectos psicológicos de la vida en la red, etc.). Ella ha hecho unas afirmaciones muy interesantes en su libro *Nuestra mente nos engaña*:

Helena Matute

"*¿Qué pensaría usted si le demuestro que no puede fiarse de sus sentidos, ya que mucho de lo que ve y oye es una construcción*

de su mente? ¿Y si le digo que buena parte de sus recuerdos son inventados y que otro tanto sucede con sus predicciones para el futuro, las cuales son, muy probablemente, erróneas? ".
"*Yo también me invento la realidad, como todos ustedes. No tiene mucho mérito, créanme. Todos lo hacemos, a todas horas. Somos buenos inventando realidades y recuerdos, así como razonando según nuestros intereses*".

La doctora Matute nos habla de lo poco racionales que somos y de lo mucho que nos engañamos a nosotros mismos, de lo mucho que vamos cambiando nuestros recuerdos con el tiempo y, por qué no, de lo mucho que tropezamos todos nosotros, además, una y otra vez con la misma piedra:

"*La mente humana es una auténtica maravilla. Solo que no es perfecta en la forma en que pensamos normalmente que debería serlo: en plan robótico, sin errores, racional, lógica al cien por ciento, solo cerebro y todo eso... No es así. La mente es, sin embargo, la máquina perfecta para adaptarnos lo mejor posible al mundo en que nos ha tocado vivir. Esto no significa que sea ideal para el análisis racional de los datos, ni para la percepción exacta de la realidad, ni siquiera para reconstruir de manera fiable el recuerdo de los acontecimientos*".

Esto significa que aferrarnos a una razón resulta contraproducente, porque todos nos inventamos el mundo en el que queremos vivir.

El guerrero pacífico es una de las películas que más me ha impactado. Sus diálogos envuelven un conocimiento que ojalá pudiéramos absorber desde la primera vez que la veamos. Dan, un joven gimnasta, con un gran potencial y muchas oportunidades, cuya única ambición, lograr el oro en los juegos olímpicos, le mantenía ciego y no le permitía alcanzar su nivel más alto de desarrollo tanto

La basura de tu mente

personal como deportivo, y Sócrates, un maestro guía que apareció en su vida para ayudarlo avanzar mental y emocionalmente, enseñándole como entrenar su mente de una forma extraordinaria. Algunos diálogos de esta película, aclaran perfectamente nuestra relación con la mente, al principio tirana, pero a medida que avanzamos, observamos la transformación que se puede lograr, con la apertura y entrenamiento de la misma...

DAN: Sé más de lo que piensas.
SÓCRATES: Y piensas más de lo que sabes. Conocimiento no equivale a sabiduría.
DAN: ¿Dónde está la diferencia?
SÓCRATES: ¿Sabes cómo limpiar un parabrisas? La sabiduría consiste en hacerlo.
DAN: Vamos, pregúnteme algo, lo que quiera...
SÓCRATES: ¿Eres feliz? Me has dicho que pregunte lo que quiera.
DAN: Y la felicidad ¿qué tiene que ver con esto?
SÓCRATES: Todo. Que puede que todavía estés dormido. Se puede vivir toda una vida sin despertarse. Todo el mundo dice lo que es mejor para ti. No quieren que busques respuestas, sino que creas en las suyas.
DAN: Ya sé, ¿quieres que crea en las tuyas?
SÓCRATES: No. Quiero que dejes de coleccionar información del exterior y que empieces a buscarla por ti mismo en tu interior.

Existen muchos estímulos externos, hologramas que nos conducen a creer que decidimos en base a lo que verdaderamente queremos. Creamos una realidad con conceptos generales y sucumbimos ante la presión social. Tenemos acceso a mucha información, pero no sabemos cómo aplicarla. Nos enseñan la diferencia entre lo bueno y lo malo, aunque nos inducen a probar eso malo. Un buen ejemplo es la inscripción en las cajetillas de cigarrillo: "Fumar es perjudicial para la salud". A pesar de ello, en los anuncios aparecen

actores saludables y bellísimos. Los comerciales están diseñados para invitarnos a vivir el placer de probar sus productos, sin importar lo nocivo que sean para nosotros. ¿Crees que este es el único aspecto en el que somos inducidos?.
    Dejar de coleccionar información del medio equivale a que vivas la libertad de ser tú mismo. A que despiertes del sueño del ego y el orgullo del parecer-ser que te hace olvidar de ti mismo en el trayecto...

DAN: ¿Eres de una secta o algo así?
SÓCRATES: A la gente le da miedo su interior. Es el único lugar donde encontrarán lo que necesitan. ¿Por qué no puedes dormir? Tal vez sea porque de madrugada, cuando todo está en silencio y estás echado en la cama y no hay nadie a tu alrededor, te sientes un poco asustado. Asustado porque de golpe todo está vacío. Intuyo que quieres ser algo más que alguien que se sube a las anillas y realiza un buen par de piruetas. También intuyo que quieres ser alguien que utiliza la mente y el cuerpo de una manera que la mayoría no tiene el valor de hacer. Y yo te entrenaré, Dan, para que seas un verdadero guerrero.
DAN: No soy lo que piensa.
SÓCRATES: Claro que no. La mente es solo un órgano reflejo, reacciona ante todo. Llena la cabeza de millones de pensamientos aleatorios en el día. Ninguno de esos pensamientos dice más de ti que una peca en la punta de la nariz. La basura está aquí, en tu cabeza. Esta es tu primera lección: sacar todo lo que no necesitas de tu cabeza. Saca la basura, Dan. La basura es cualquier cosa que te distraiga de lo único que realmente importa. Este momento, aquí, ahora. Cuando por fin logres vivir el presente te sorprenderá todo lo que puedes hacer y lo bien que lo haces.

Si en vez de pensar actuaras sobre todo lo que pasa diariamente por tu mente, ¿Crees que tendrías energía suficiente para lograr tus

La basura de tu mente   [79]

metas?. Los pensamientos son repetitivos; cuando son negativos nos agotan. Quitan mucha energía necesaria para construir nuestros sueños. La mente creadora de todos estos procesos da lugar a que nos sumerjamos en su mundo y creamos que solo existe una única realidad. Por eso es tan complejo encontrar soluciones a los problemas cuando nos centramos en ellos. Conocer personas cuya cultura es distinta a la nuestra nos ayuda a ver las diferentes realidades, pues su mente percibe y construye el mundo desde otra óptica. Existen muchas posibilidades con las que se puede construir la realidad. Lo único constante en cada una de ellas somos nosotros.

La sabiduría es vivir en el presente, no en la ficción creada por los recuerdos o las expectativas almacenadas en las fotos de nuestra mente. Cualquier pensamiento puede distraernos de lo que está pasando en este momento. No observamos ni aprendemos de la experiencia, porque vamos muy a prisa por nuestra vida para llegar a ninguna parte. Este momento somos nosotros, el trayecto somos nosotros, y el final somos nosotros...

DAN: No sé qué hacer ahora.
SÓCRATES: Primera acción de un guerrero consciente.
DAN: ¿Cuál es?
SÓCRATES: No saber.

A medida que vas conociendo a tu propio yo y te relacionas más contigo mismo, es normal que te asustes y no sepas qué hacer o hacia dónde dirigirte. El primer paso para tomar tu propia dirección es sentirte perdido. Hasta ahora siempre estuviste dirigido por los hilos de lo global y has comenzado a soltarte. Te siente solo. Tu mente está en un proceso de higienización de toda la información del medio. Lo que te parecía normal ya no lo es. Ves más allá de lo evidente y te asusta perder el contacto con la realidad diseñada. Tranquilo, no pasa nada. Tu zona de referencia siempre seguirá donde está. Sigues siendo tú. La información cargada no se pierde. Solo que ya no es tan determinante, solo que ahora tienes más de donde elegir. Verás todo desde afuera y tendrás la oportunidad de decidir qué deseas traer y que no a tu presente de ese conocimiento que guardas...

Dan: La gente a quien cuesta más querer, es la que más necesita el amor. Cada momento es único. No hay instantes vacíos.
Sócrates: La muerte no es triste. Lo triste es que la gente no sepa vivir. Un guerrero no se rinde ante lo que le apasiona, Dan, encuentra el amor en lo que hace.
Dan: Mírame, mírame... Llevo un clavo en la pierna.
Sócrates: Ser guerrero no es ser perfecto o salir victorioso o ser invulnerable. El guerrero es totalmente frágil, es su único coraje.
Dan: ¿Y cómo crees qué puedo entrenar? He tenido un accidente.
Sócrates: El accidente es tu entrenamiento. La vida es elegir. Puedes elegir ser una víctima o cualquier otra cosa que te propongas.
Dan: ¿Cómo si nada hubiera pasado?
Sócrates: Un guerrero actúa, el tonto sobreactúa.
Dan: ¿Y si no puedo hacerlo?
Sócrates: Ese es el futuro. Ya lo verás.
Dan: ¿Por dónde empezamos?
Sócrates: No hay que empezar ni parar, solo hacerlo. La mayor parte de la humanidad tiene tu aflicción, Dan. Si no se consigue lo que se quiere, se sufre, y hasta cuando lo consigues sigues sufriendo, porque no lo puedes conservar para siempre.

La vida no es estática ni todo está sujeto a nuestro control. La mente racional procura hacernos creer que todo está en nuestras manos y que los resultados solo dependen de nosotros, sin dejar espacio para lo fortuito. Nos enfadamos y deprimimos si no se cumplen nuestras expectativas tal como queremos, y aunque se cumplan, si no es de la forma como lo teníamos prediseñado, nos sentimos frustrados. Si se premiara el recorrido y sintiéramos admiración por aquellos que a pesar de las caídas se levantaron y continuaron, aunque nunca llegaron a la meta, quizás muchas personas no se sentirían observadas y calificadas, y lo harían mejor. Ahora bien, el conocimiento es que nadie te hace nada: tú te lo permites. La verdadera sabiduría consiste en hacerlo, avanzar sin miedos a las críticas y comentarios del exterior. Todo lo que cuenta en esta etapa es lo tuyo...

DAN: No me he creído capaz.

SÓCRATES: No importa.

DAN: No sé si estaré al 100%.

SÓCRATES: No necesitas ninguna carta certificando nada para subir a las anillas.

DAN: Sí que la necesito. Ahora mismo solo quiero ganar el oro. Sí que la necesito... la necesito.

SÓCRATES: El oro es un capricho. Oyes esa vocecita: "Solo así sería feliz".

DAN: Es un sueño, vale... No puedo creer que los sueños sean malos.

SÓCRATES: No puedes rendirte ante tus sueños. Tienes que rendirte ante lo que no tienes y nunca tendrás: el control. Acepta que no controlas lo que te ha sucedido; que puede que compitas o no en los Juegos Olímpicos; que puede que ganes o puede que no, y que tú siempre serás este final en ambos casos. Siempre serás una versión de ti mismo. ¿Paradoja?

DAN: La vida es un misterio. No pierdas el tiempo deduciéndola.

SÓCRATES: ¿Humor?

DAN: No pierdas su sentido. Sobre todo en ti, te dará una fuerza colosal.

SÓCRATES: ¿Cambio?

DAN: No hay nada que perder. El viaje, el viaje aporta la felicidad, no el destino.

SÓCRATES: ¿Dónde estás? Dan
DAN: Aquí...
SÓCRATES: ¿Qué hora es?
DAN: Ahora...
SÓCRATES: ¿Qué eres?
DAN: Este momento...

A mayores expectativas, somos menos felices. Hacemos las cosas no porque nos gusten, sino por demostrar que podemos hacerlas y que esto nos hace más valiosos. Eso es esclavitud. No necesitas ser perfecto: porque ya lo eres de manera imperfecta. Y aún así eres lo mejor que tienes. Mejorar y ser la mejor versión de ti mismo es una decisión personal que debe llevarte hacia ti. Encontrar tus propias respuestas es adentrarte en el mundo de la mente. Entender que no eres ella, sino que es una parte esencial de tu existencia. *El guerrero pacífico,* además de divertida, es una película muy formativa. Enseña cómo se construyen los valores a partir de la información guardada y como los recuerdos almacenados son la base de todas nuestras acciones. La mente es el archivo general de mí mismo. Allí está toda nuestra historia y las reglas que rigen el juego de nuestra vida. Ese cúmulo de acontecimientos ocurridos en el transcurrir de nuestro tiempo nos libera o esclaviza emocionalmente.

La basura de tu mente

13
Hemisferios cerebrales, el puente a la realización

No me gustan los soñadores ni los realistas. Prefiero los realizadores. Es un tipo de humano casi en extinción, debido a que el sistema educativo nos castra desde que entramos a nido o maternal. Todos somos formateados a través de las estructuras de un pensamiento diseñado a nivel social para apagar la imaginación, la intuición y la fe. Para conseguir esto se instalan en nuestra mente los condicionamientos lógicos de la realidad. Pero, ¿qué es la realidad? Todo lo que en algún momento fue imposible y hoy está en nuestras manos.

La agotada profesora quiere que el genio de dos años en su jaula (perdón, en su aula), ese niño lleno de alegría, curiosidad y capacidad de asombro, supere el curso con 100. Y la madre quiere que sea meritorio. Todos utilizan las ideas lógicas preconcebidas por una mente maltratada por las experiencias, como si se tratara de una receta. Quieren que el niño saque la calificación más alta en lo que se le ha marcado, sin aun conocer sus motivaciones, dones y talentos y sin saber qué le inspira para dar apertura a lo mágicamente novedoso que viene en esa cabecita aun con los cobertores plásticos puestos. A esa edad todavía el consciente no está despierto. Hasta los cuatro años de edad no lo habremos desarrollado, pero ya se quiere que nos adecuemos a lo que piensa la mayoría. Desde ese preciso momento comienza nuestra carrera para llegar a esa calificación de100, que define si somos o no inteligentes y que contribuye al descalabro total de nuestra visión de un mundo diverso.

Cuando llegamos a los 7 años ya somos viejos pensadores. El inconsciente colectivo se ha encargado de calificarnos con el patrón social deseado. Estamos programados por el sistema para no ver más allá de lo evidente. Y si por alguna razón eres de los suertudos que no hacía mucho caso en clases y aun sigues liberado, entonces es necesario acostumbrarte a la idea de que te llamen loco o anormal. Fantásticos apodos, que utiliza la mayoría para denominar a los únicos seres que aún permanecen alineados con su esencia y que se salen del molde. Además, es la forma de controlar y evitar que los demás quieran ser diferentes, por miedo a que los estigmaticen.

Todos deberíamos estar plenamente conectados con nuestra fuente. Todos somos creadores. Tenemos la capacidad de inventar integrada en nuestro diseño perfecto. Si bien, a medida que vamos creciendo y guardando información en la mente, ese espacio que almacena conocimientos y experiencias. Todo lo pasamos por el filtro de lo conocido, el cual nos dice qué es posible y qué no, dependiendo de nuestro entorno, para terminar, siendo realistas del tipo cuadrado, con miedo a tomar riesgos. Nuestra vida transita en la calle de la normalidad a una velocidad controlada, con el seguro de viaje puesto en las emociones y sin darse permiso para experimentar esa loca, fortuita e inesperada pero fabulosa aventura llamada vida.

Los realistas le tienen pavor a la excitación (*exit-acción*= juego de palabras parecido a *acción para el éxito*). Por eso nunca se arriesgarían a entrar en la zona mágica de la felicidad y el éxito. Para este tipo de humanos ya todo está hecho. Todo lo que necesitaban aprender ya lo saben. Piensan que los imaginativos soñadores son un riesgo para la humanidad, por su forma arriesgada de ver la vida. Los realistas no inventan nada. No producen grandes cambios sociales. Muchas de las personas que conocemos pertenecen a este renglón. Ellos materializan los sueños de los realizadores. Son excelentes para la rutina. Se acomodan a la realidad y allí sobreviven, ejecutando mecánicamente procesos ya conocidos.

La palabra imaginación (*imagin-acción*= juego de palabras parecido a *magia en acción*) implica poder traer las cosas de ese mundo de los sueños a la realidad. Todo lo que existe en este espacio físico primero estuvo en el mundo invisible de un soñador loco que se tomó el riesgo de hacerlo posible.

Pero con imaginar no basta. Así como el talento no es suficiente, según John Maxwell, quedarse en la imaginación, sueño o idea no produce resultados. Más bien crea frustración y falta de confianza en uno mismo. Concebimos una idea de nosotros mismos que nos ayuda en el logro de las metas. Si procrastinamos o dejamos de hacer las cosas necesarias para alcanzar los resultados, una y otra vez el inconsciente lo programará como normal. Este será el patrón conductual en todo lo que emprendamos.

Así funcionan nuestros hemisferios cerebrales: emocional y lógico. Todos tenemos ambos, pero uno más desarrollado que el otro. Es vital construir un puente, para que esa parte que entendemos nos está limitando, pueda alcanzar mayor crecimiento, y así llegar a ser realizadores. Son quienes tienen imaginación, visión, creatividad, valor, paciencia, fortaleza mental, decisión, pasión y dominio propio, conjugados con disciplina, enfoque, buena comunicación, trabajo en equipo y acción. Saben soñar, pero también poner los pies en la tierra y desarrollar los procesos lógicos que toda creación requiere para tocar el mundo físico.

Te dejo algunos ejercicios prácticos, para que puedas equilibrar tus hemisferios, y cruzar el puente entre ambos:

- *Aprende a utilizar más tu lado menos dominante.*
- *Realiza ejercicio con brazos y piernas, dónde tu cuerpo se mueva de manera cruzada, coordinada y rápida, para*

lograr que ambos hemisferios funcionen de forma más eficientemente.
- *Realiza una sola cosa a la vez para alcanzar mayor concentración.*
- *Saca tiempo para hacer el vago y perderte en tus propias ideas.*
- *Crea imágenes mentales de cómo te gustaría que fuese tu vida.*

Ya verás que paso a paso sentirás que puedes imaginar más fácilmente o que te llegan las ideas si eres lógico. Si perteneces al lado emocional, podrás hacer realidad tus proyectos entendiendo mejor el lado racional de cada situación de la vida. Como cuando intentas emprender por tercera vez y sientes que nada te da resultado. Esa es la parte que nadie nunca le contó a Luchy. Ella poseía cualidades emocionales poderosas, pero su lado lógico no estaba equilibrado. No entendía por qué se le hacía tan cuesta arriba detenerse a crear un plan estratégico antes de iniciar un proyecto.

Todo es como un rompecabezas: tenemos la imagen, pero hay que organizarla. Hasta que no lo hagamos, no habrá premio. La vida siempre nos va a exigir crecer para alcanzar nuestra mejor versión. Llevarnos a un nuevo nivel. La perfección del pensamiento de Dios es que te conozcas, trabajes contigo y confíes en ti, tal como lo hace él desde nuestro mundo espiritual.

14
Los pensamientos: fuerzas silenciosas del universo

Nuestra forma de pensar crea la realidad. El mundo está diseñado exactamente como lo tenemos concebido en nuestra idea de él. Nuestros pensamientos son la energía que se expande en el universo de manera silenciosa. Podemos crear lo que deseamos en la vida, alineando conscientemente nuestra vibración con la energía de lo que anhelamos. Muchas personas desean ser prósperas, tener una armoniosa vida familiar, ser exitosos o ser felices, pero su vibración es de miedo.

Podríamos medir físicamente las vibraciones. Imaginemos una tabla numerada del 1 al 7, que en un extremo marca lo positivo, como el amor, la buena salud, la prosperidad, la felicidad, el sentimiento de satisfacción personal al que hemos denominado éxito, etc., siendo el 7 la expresión más alta. Imaginemos también que en el otro extremo está numerada del -1 al -7 para marcar lo negativo, como la carencia, la soledad no escogida, la frustración, la enfermedad, el estrés, la ansiedad, etc., siendo -7 la expresión más baja. Con esa tabla podríamos ver que la mayoría de las personas, cuando desea algo, quiere lograrlo accediendo desde la vibración incorrecta. Por ejemplo, estamos muy preparados para el empleo (vibración positiva), pero cuando vamos a la entrevista de trabajo estamos nerviosos y con miedo a no ser escogidos (vibración negativa).

Dice mi amigo Julián Alcántara, con su gran sabiduría inspiradora: "El que tiene miedo se casa con la más fea". Construyamos una imagen mental con esta afirmación para poder entenderla. Estás en una fiesta y la chica que te gusta está sola, justo frente a ti. Te sonríe en la distancia y sus movimientos al compás de la música te invitan a bailar. Pero la timidez y la inseguridad (miedo, energía negativa) impiden acercarte. Pasan las horas y después de los juegos de miradas y de la insinuación sutil para que la invites a bailar, la chica termina saliendo a la pista con otra persona, con la que pasado un tiempo termina casándose. Ese pudiste haber sido tú... pero la decisión que tomaste, basada en una energía de temor, no te permitió lograr la meta.

La energía negativa nos paraliza. Los pensamientos generan sentimientos y estos producen sustancias químicas que físicamente afectan nuestro cuerpo. Si analizáramos los pensamientos predominantes del personaje principal de nuestro relato, ¿Cuáles habrán sido? "Ella es muy bonita y no va a querer bailar conmigo". "Seguramente tiene novio". "Yo no ando bien vestido para la ocasión". "¿Qué le voy a decir?". Existen miles de situaciones que no experimentamos por miedo a ser rechazados. ¿Y dónde le damos sentido al rechazo? En nuestros pensamientos.

Otro patrón colectivo de pensamiento es centrarnos en el problema y no en la solución. Nos quedamos en el círculo vicioso de buscarle las 5 patas al gato y de darle mente a la situación, como se diría en buen dominicano. Mental y anímicamente nos mudamos al problema. Nos vamos a dormir con el problema, nos levantamos y desayunamos con el problema. Trabajamos con el problema y hasta salimos de vacaciones con el problema. A veces el problema es quien se mete en la cama con nuestra pareja y convive con nuestros hijos. A Albert Einstein se le atribuye la siguiente frase: "No es posible resolver un problema en el mismo nivel en el que fue creado".

La basura de tu mente

Cuando estamos en medio de la situación, y nuestro pensamiento predominante es el problema, no es posible solucionarlo ni intelectual ni anímicamente. Es necesario aprender a despejar la mente, cancelar los pensamientos y liberarnos del problema para solucionarlo.

Hay un ejercicio muy interesante que nos ayuda a ver lo que nos ocurre cuando cargamos constantemente con las situaciones y a entender cuánto tiempo perdemos con esa carga innecesaria. Consiste en agarrar dos sillas y comenzar a recorrer la casa con ellas a cuestas. ¡Cuánto cansancio y cuántas complicaciones para atravesar los pasillos o adentrarnos en algunas áreas! Nos concentramos en cómo vamos a lograr que las sillas pasen por algunos espacios y nos olvidamos de qué objetivo tiene llevar las sillas a las habitaciones o al baño, por ejemplo. ¿Cuánto tiempo le dedicas diariamente a tus problemas? ¿Qué tan rápido puedes solucionarlos? Llevarlos a cuestas no significa solución, tampoco eres más responsable por cargarlos. Eso más bien deja claro que perdemos control sobre nosotros mismos.

Los pensamientos son productos elaborados por la mente. Pueden aparecer por procesos racionales del intelecto o por situaciones abstractas de la imaginación. Los pensamientos son manifestados a través del lenguaje, por lo que, al escuchar las palabras que decimos en automático, las que salen del inconsciente, entenderemos las verdaderas raíces de nuestros pensamientos.

Existe una frase muy asertiva que podemos encontrar en diversos documentos por las redes y que se atribuye a www.definicionde.com:

"En la infancia, las personas solemos caracterizarnos por la espontaneidad y la sinceridad, sin importarnos la repercusión de nuestros hechos o palabras. Es muy común que los niños hablen solos o dejen volar su imaginación, ignorando a un grupo de adultos que los mira con ternura. El mismo grado de despreocupación se percibe cuando dicen con absoluta sinceridad que no le gusta un regalo, una persona o un plato de comida".

Esto se debe a que a esa edad no existen los condicionamientos mentales de la sociedad. Tampoco sentimos miedo a las consecuencias porque el cerebro funcional es el inconsciente, con información libre de las experiencias que luego nos marcarán emocionalmente.

Elevar la vibración tiene que ver con nuestra manera de pensar y de sentir. Proyectamos nuestra vibración energética al mundo como una onda. No atraemos lo que deseamos, sino lo que somos. El deseo tiene una vibración fuerte; pero él por sí solo no activa las fuerzas del universo a nuestro favor. Por el contrario, verlo como si ya se hubiese logrado, sentirlo y accionar, sí que es fruto de nuestros pensamientos.

Nuestro cerebro no diferencia la realidad de la ficción. Por eso cuando imaginamos es como si lo estuviéramos viviendo. Esto explica que esté en nuestra mente y podamos sentirlo. Por ejemplo, ¿qué sensación tiene tu cuerpo cuando imaginas una velada romántica con la persona amada? De esa misma manera nosotros podemos condicionar nuestros pensamientos. Comenzar a visualizarnos y pensar que somos lo que queremos lograr en el futuro, hace que nuestro cerebro programe y automatice los comportamientos necesarios para llegar a la meta. No solo es un tema que se pueda definir como espiritual a través de la ley de la atracción. Es un concepto científico ya comprobado. La Medicina cada se está centrando día más en el nuevo concepto de las bioemociones para entender cómo desarrollamos las enfermedades. De la misma manera es como creamos nuestra vida. Es necesario de manera consciente tener un diálogo interno (pensamientos) positivo. Hablar bien de nosotros mismos, creer en nuestra valía y apostar por nosotros.

Los pensamientos son las fuerzas silenciosas del universo. La creación primero adquiere vida en nuestra mente. Todo lo humanamente creado ha empezado por ser una idea. Cultiva pensamientos que agreguen valor a tu vida y a la de tus semejantes. No permitas que la basura mental contamine tu jardín. Elige el poder que tienes sobre ti mismo, diseña tu mundo y acciona sobre la base de tu

La basura de tu mente

plano sin distraerte. Eres el arquitecto de tu destino. El pensamiento genera un sentimiento. Esa emoción produce una acción y las acciones repetidas crean los hábitos que construyen los resultados en nuestra vida.

Todo lo que permites entrar a tu cabeza se queda anidando en ella. A partir de ahora debes ser más selectivo en tus conversaciones y en las interacciones con el medio. Así, todo funcionará como un rompecabezas. Crearás la imagen mental que deseas. Entonces la actitud para accionar llegará como una consecuencia. La vida siempre nos va a exigir el primer paso, dominio propio, pensamientos conscientes y crecer internamente para alcanzar nuestra mejor versión. Nos llevará a un nuevo nivel de perfección del pensamiento individual para la armonía de nuestro mundo.

TERCERA PARTE

Somos la suma de nuestras decisiones. Agradece tus luces y sombras, porque ambas son parte de la persona que eres hoy.

15
Estados Alfa: nivel de creación

A Luchy le gusta ver las fotos de Albert Einstein. Dice que son bastantes divertidas. Su cabello revuelto y la sonrisa algo cínica, como de quien sabe algo que la mayoría no hemos descubierto, le llevaron a querer conocerlo más. Un ser humano bastante diferente, por lo que ha leído sobre él. Se puede hacer una lista larga de sus excentricidades: tenía todas sus camisas, chaquetas y pantalones del mismo modelo y color, para no gastar tiempo pensando qué ponerse; impuso las condiciones a su novia para casarse con ella; pero lo que más le llamaba la atención de Einstein es que cuando quería alteraba sus estados de consciencia a voluntad, llevando sus ondas cerebrales a los niveles entre Alpha y Theta. Agarraba un lápiz y se iba a dormir una siesta. Al cabo de unos minutos, cuando se estaba quedando dormido, justo en ese momento que el lápiz comenzaba a deslizarse entre sus dedos, él sabía conscientemente que estaba pasando de un nivel a otro (entre Alpha y Theta es el momento máximo de creación), y en los siguientes días las respuestas comenzaban a fluir en su mente de forma espontánea.

Personajes como Stephen Hawking o Ben Carson, entre muchos otros genios, utilizaron la música para concentrarse y alcanzar un estado propicio para ser excelentes en su trabajo. Conociendo como funcionan nuestras ondas cerebrales, podemos conscientemente inducirnos al nivel necesario para alcanzar nuestros objetivos. La teoría del físico Jean-Pierre Garnier Malet nos plantea algo muy parecido para conectar con nuestro doble cuántico. Él tiene una visión muy amplia sobre nuestras diferentes posibilidades y mejores opciones en la vida, que nos ayuda a tomar las decisiones más adecuadas, y que se relaciona con algo tan simple como retener un último pensamiento justo antes del momento de quedarnos dormidos: así podemos adquirir experiencias sobre el futuro. Esto puede parecer espiritualidad, pero es ciencia pura. Está relacionado con el punto invisible que la física cuántica analiza para demostrar que existe un mundo al que, aunque no se ve, se puede tener acceso, como lo han planteado por siglos algunas religiones.

¿A dónde vas cuándo estás completamente dormido? ¿Cómo es que para regenerar nuestras células el cuerpo necesariamente debe entrar en un estado de descanso absoluto como el Delta, de 1 a 3 Hz? Existen muchas teorías referentes a este tema. Pero muy poco se ha hablado de la importancia de las ondas cerebrales en los procesos de sanidad física o aprendizaje. El mayor poder regenerador y creativo del hombre tiene lugar cuando logramos mantener las ondas cerebrales en estado Alpha, es decir de 8 a 13Hz.

Estar relajados y sentir paz nos permite una conexión muy profunda con nuestra intuición y nos ayuda a encontrar soluciones a los problemas de forma casi milagrosa. Más, en un mundo que no se detiene y donde las prisas dominan las agendas diarias, miles de millones de bits de información se crean por segundo. Cada día existen miles y miles de cosas nuevas que el ser humano desea tener. La gente la mayoría del tiempo se ocupa en procesos de distracción mental. Se crea una ilusión óptica de la vida feliz para que todos aspiremos a una idea de felicidad que no es nuestra verdad, pero que no paramos mientras vamos en su búsqueda. Ese ritmo de vida nos mantiene mucho tiempo en un estado de alerta, como el Beta (de 14Hz en adelante). Ciertamente, estar activos da mayor agilidad, pero en las frecuencias muy altas es donde se producen el estrés y la ansiedad. El mundo de hoy está diseñado para mantenernos en una constante actividad. Miles de personas no pueden dormir o descansar correctamente. No se concentran porque su cerebro no se desconecta y no saben cómo pasar de un estado al otro de manera consciente.

Luchy, en su búsqueda constante de conocimiento, encontró una forma de mantener el estado Alpha en la vida diaria. A esa le llamó las llaves. Hay una enseñanza que ha estado allí por miles de años. Aunque practicada, no ha sido entendida por la mayoría como lo que es realmente: la clave para acceder al mundo de la abundancia eterna, a la fantasía y al plano espiritual. Por eso se les denomina los Frutos del Espíritu. La biblia dice que contra ellos no hay ley. Cuando los practicas, hasta las leyes físicas conspiran a tu favor. Al cultivar tu mundo espiritual, transformas tu mundo mental-emocional y cambias la realidad en este plano físico. Frutos del Espíritu son el Amor, la Alegría, la Paz, la Paciencia, la Benignidad, la Bondad, la Fe...

El amor: es el poder creador de la naturaleza. La vida misma en esencia es Amor. Ámate y ama a los demás desde una fuente inagotable del espíritu eterno, donde todo es posible. Enamórate de ti, de tu gente, de lo que haces, de tu mundo. Ponle el mismo entusiasmo a todo, igual a cuando quieres ver a esa persona que despierta en ti la alegría de sentirte vivo. Ama sinceramente, sanando el dolor y las heridas, sin ego y sin orgullo. Simplemente ama más allá de lo que está a simple vista, y ama lo que podría llegar a ser desde la esperanza, porque el amor lo transforma todo. Donde hubo desierto ahora hay jardines, y las grietas de la vida están selladas con oro gracias al amor. En *El libro blanco,* dice Ramtha: "El amor más profundo, más grande y más significativo es el amor del Yo puro e inocente, la magnífica criatura que se sienta entre las paredes de la carne y que se mueve y contempla, crea, permite y es".

La alegría: es un estado del ánimo. Es una emoción producida por algo bueno en nuestra vida. Es sencillo estar alegres cuando entendemos que todo obra para bien y que aun lo que no entendemos hoy es una preparación o una enseñanza para desarrollar el carácter de liderazgo que requeriremos en el mañana. La alegría tiene efectos positivos sobre nuestra salud física y mental. Sentirse alegres rejuvenece al ser humano interior y exteriormente, produce grandes resultados en las relaciones y permite ver la vida como algo más hermoso. Si no juzgáramos cada situación que ocurre en nuestra vida, y la calificamos como buena o mala, resulta más sencillo mantener biológicamente los químicos en nuestro cuerpo. Es vital mantener vivo el sabor por la vida que se traduce en alegría.

La paz: es un estado en que no hay luchas internas ni guerras con lo externo. Se acepta la vida en su momento presente tal como es, sin dolor ni angustia por cambiar el pasado o el presente, y se descansa en una esperanza sin manchas de ansiedad o estrés. Se entiende el mundo sin plantear juicios. La paz es producida por un espíritu apacible de pensamientos limpios y voluntad de acero, porque solo en medio de las tormentas demuestras tu fortaleza para mantenerla.

La paciencia: es la dueña de todo cuanto observas. Todo lo que te propongas en la vida requerirá de ella. Puede vencer los mayores desafíos y reponerse de las peores situaciones y desgracias. Nos ayudar a transitar el camino del crecimiento y trabajar en la construcción de nuestra vida, ladrillo a ladrillo, sin perdernos un solo paso. Perder la Paciencia es vivir en desesperación, querer llegar a puerto sin las condiciones adecuadas y lograr triunfos que no sabremos cómo mantener. Cada día es único. Cada segundo ocurre algo, aunque no lo percibamos de manera consciente. Mantener la Paciencia significa colocar la pieza faltante en el rompecabezas de la vida en el que tú estás en el lugar correcto en cada momento.

La benignidad o estado de benevolencia: es sentir la vida desde lo humano. ¿Qué nos hace humanos? La inteligencia artificial ha dejado bastante claro que un robot puede procesar los aspectos lógicos de la mente sin ningún problema. Pero son los sentimientos y nuestras emociones los que permiten a la especie avanzar. Y no hablo de reproducción, que es un aspecto químico y biológico de la supervivencia, sino de no desear al otro algo que no desearías para ti. Cada pensamiento, cada juicio emitido o acción consumada contra nuestro semejante, es falta de consciencia. Ser benévolo con uno mismo o con otra persona sabiendo que es una cualidad y que se asocia con la bondad, sin la etiqueta de lo bueno y lo malo, sino con la bondad independientemente de nuestro del sujeto. Es decir, la Benignidad no depende de las buenas acciones del otro, sino de nosotros.

La bondad: es una virtud que nos permite buscar el beneficio de los demás. Existe en nosotros porque está en la fuente de la vida. El planeta refleja esa característica al compartir todos sus recursos con nosotros. La humanidad depende y dependerá siempre de la bondad de nuestra propia especie. Perder la bondad es perdernos a nosotros mismos, olvidarnos de quiénes somos y de lo que nos hace diferentes. La bondad traspasa fronteras, no sabe de colores, de idiomas o de religiones. Conoce la inmensidad cuando repara corazones tristes y entrega más a quien la da que a quien la recibe. "Debes ser valiente y bondadosa", fue la mejor recomendación que la madre de Cenicienta pudo dejarle, para que en las peores situaciones pudiera sobrevivir y mantener su corazón apartado de la escasez y la mezquindad que produce el miedo. Siempre tienes algo que dar a los demás. Desde los buenos deseos hasta tu tiempo, que es el recurso más valioso del planeta.

Tus miedos, sólo retroceden si tú avanzas. La llave más utilizada en mi existencia es **la Fe**, el Fruto con el que me identifico y que me ha ayudado a avanzar, aun cuando todas las puertas parecen estar cerradas. "Si abriste los mares para Moisés, también lo harás para mí", es la afirmación que declaro cuando siento que no sé qué hacer. La imagen que mejor describe la fe, es estar desarmados frente al mar a punto de ser alcanzados por cientos de soldados furiosos por la sed de venganza. No hay peor escenario en la vida que verte sin opciones y sin soluciones aparentes. A pesar de ello, te digo que siempre hay posibilidades. Solo necesitamos avanzar un paso, aunque no veamos el camino. El universo y sus leyes aman a los valientes que deciden conquistar el reino. No puedo explicarte qué o cómo se abren las puertas ante ti o aparecen los maestros o la ayuda que necesitas. Pero tengo la certeza de que es así, porque solo es cuestión de Fe, y la vida es el primer milagro.

La mansedumbre: logra propósitos que la fuerza ha perdido. Siempre pensé que ser fuerte significaba ganar. La vida me ha enseñado que la demostración de fuerza es arrogancia, no poder. Que los miedos a sentir la pequeñez, a perder las razones que mantienen nuestra actitud, a no creer en nosotros mismos y la renuncia a lograr los sueños, nos llenan de ira. La dulzura de carácter no tiene nada que ver con miedos. Más bien es poder personal que nos ayuda a leer a otro ser humano cuando más nos necesita e impacta nuestra vida y la de los demás, cuando renunciamos a batallas que nunca tuvieron razón de ser. La mansedumbre es la bandera que permite a quien la iza caminar por los senderos que solo están permitidos a la grandeza del ser.

La templanza: es el Fruto del dominio propio. Si existe un verdadero enemigo de ti mismo eres tú mismo. Deseas, haces y repites lo que no quieres y no te conviene... pero pareces estar de acuerdo con lograr todo lo que te debilita. Dominarnos a nosotros mismos es una cuestión de autoanalizarnos, de conocer nuestro verdadero yo y sacar las sombras a la luz, aceptándolas y transformándolas. La mayoría de los problemas en nuestra vida son causados por falta de dominio propio. El autodominio tiene que ver con saber manejarnos, y mantener un equilibrio entre lo emocional y lo lógico. Nos habla de la dualidad entre lo bueno y lo malo, nos invita a desarrollar la inteligencia emocional descubriendo nuestro poder interior.

Hacer uso de estas llaves nos lleva a disfrutar de una vida armónica. Solo es posible mantener el estado Alpha en este mundo tan convulsionado, si cultivamos los frutos de forma consciente en el mundo espiritual. A Luchy le tocó colocar cada nombre de los frutos del espíritu en pequeños trozos de madera en su salón, justo al frente de las escaleras, para grabarlos en el inconsciente. Así no existía ni un solo día de su vida en que olvidara la agradable sensación del estado Alpha y la abundancia que llega con cada uno de los frutos a nuestra vida. La felicidad es una decisión personal que nos exige cruzar el umbral hacia lo espiritual. Para mantenerla se requiere la práctica constante de los frutos.

16
La espiritualidad y la conexión de los humanos

Para la mayoría de las personas, escuchar sobre espiritualidad equivale a religión. Esto socialmente se acepta como válido, pues en la cultura occidental lo espiritual está especialmente ligado al cristianismo. Las religiones originarias de Asia, como el budismo o el hinduismo, también suelen considerarse bastante espirituales, a pesar de que no necesariamente conciben la misma idea de lo espiritual. Si bien, cultivar la espiritualidad no tiene nada que ver con una religión. Todos somos seres espirituales viviendo una experiencia física, y cada uno tiene su propia manera de interactuar en este inmenso mundo que no se ve.

Todo es cuestión de creencias. Cada persona, según su cultura, acoge un dogma para justificar algo que nadie ha podido decir la última palabra. Pero, sin importar si estemos muy seguros o no de la existencia del mundo espiritual, más allá de las preguntas filosóficas o existenciales, todos sabemos que no somos solo este cuerpo. No vinimos a este mundo solo a comer, dormir y trabajar, aunque muchas personas vivan así.

Existe una pregunta que todos nos hacemos alguna vez en la vida: *¿A qué he venido a este mundo?* Sobre todo, cuando las cosas van mal. En los últimos años también se ha asociado la espiritualidad con el éxito personal. Se han etiquetado las situaciones que los demás experimentan por lo malo que son, y las nuestras, que Dios se ha olvidado de nosotros. Una fácil elección para mirar hacia afuera y no responsabilizarnos.

Todos somos el todo de la nada. Nos perdemos en la marea social sin recordar que somos como un grupo de células en un gran cuerpo y que todos estamos interconectados. El aire que respiramos debería recordarnos constantemente esta ley de vida: El aire que exhalas lo inhalo yo un segundo después, y el que exhalo yo lo respiras tú... Compartir es nuestra naturaleza. Sin embargo, el egocentrismo, fruto de las necesidades creadas socialmente y de las carencias mentales particulares, nos hace comportarnos como un cáncer para el planeta y, por tanto, para nosotros mismos.

Así como nos presentamos ante el universo, así mismo el universo nos responde. Debemos examinar muy bien la raíz de nuestros sentimientos. Ni siquiera las religiones han podido transmitir eficientemente la importancia de los sentimientos, a pesar de que todos los libros de sabiduría en los diferentes credos lo dicen. Sentir es como nos comunicamos con nuestro espíritu. Podemos expresar nuestra fe y creer que estamos en lo correcto, sin entender que esto es un condicionamiento mental definido y adecuado a los intereses de algunos, el cual nos fue inculcado desde niños. Es una forma de limitarla experiencia espiritual desde la profundidad de nuestro ser.

Sabemos que existen las leyes físicas. Nos las han enseñado en la escuela. Pero las leyes espirituales nos parecen una locura. Creemos en lo que vemos, porque es más sencillo para nuestra mente. Como dice Rhonda Byrne en su libro *El secreto*: "si te lanzas de un quinto piso seguro que te dolerá, pero también, es determinante saber que transgredir las leyes espirituales nos afectará más todavía". Si tus sentimientos son de carencia, tendrás carencia en abundancia; si son de prosperidad, serás próspero en gran manera. Si eres feliz

La basura de tu mente

se multiplicará tu alegría, y si estás constantemente entristecido la vida te responderá con tristeza.

Nuestro espíritu, la parte más alta de nuestro ser, tiene la capacidad de sanarnos, de darnos prosperidad y de proveernos la sabiduría necesaria para avanzar en la vida. La física cuántica habla de nuestro doble: ese que puede encontrar las soluciones y buscar la mejor opción ante las diversas situaciones a través de los sueños o en los momentos en que estamos relajados. De hecho, los milagros existen. Cuando ciertamente conectamos con nuestro lado espiritual desde un estado de armonía, y sin sentir carencias emocionales, económicas o dudas, somos capaces de materializar los sueños.

Vivimos en un mundo material que nos obliga a pensar primero en la comida, necesaria para mantener el cuerpo físico. Esta es la fórmula perfecta, para dirigir nuestros pensamientos. Es un método utilizado por el sistema para mantenernos ciegos y alejados del poder que existe en nuestra verdadera esencia. Debemos procurar el conocimiento que nos ayude a conocernos mejor y desarrollarnos desde adentro.

Las situaciones o circunstancias por las que estás atravesando pueden ser difíciles. A pesar de eso, siempre debes conectarte espiritualmente con tu yo interior. Allí es donde encontrarás las soluciones. Es el lugar donde nacen las fuerzas desde donde emana la vida. Albert Einstein decía: "No se puede solucionar un problema en el mismo nivel donde fue creado". Me parece, que se refería a esto. El mundo físico solo es el resultado de nuestro mundo interno. Las soluciones se crean más profundamente desde los pensamientos, los sentimientos, las motivaciones y las acciones. Este es un estado de creación, no de miedo.

Una vez escuché en una conferencia la mejor explicación de porqué debemos vivir nuestra espiritualidad tanto como la realidad de este plano físico. El orador preguntó: "Si sacas a un árbol de la tierra, ¿qué le ocurre?". Todos respondimos al unísono: "Muere". Él hizo otra pregunta: "¿Y si sacamos un pez del agua?". "Muere", volvimos a contestar. Y el conferencista preguntó entonces: "¿El humano es el único ser vivo que no está conectado a nada?"... ¿Te has preguntado esto alguna vez?

Nuestra manera de sentir es la clave. Cuando sentimos un abrazo sincero, cuando nos miran con amor a los ojos, cuando nos edifican con buenas palabras o cuando permanecemos en la quietud sintiéndonos a nosotros mismos, en ese momento nos conecta con nuestra verdadera esencia.

17
Las leyes espirituales, un poder en nuestras manos

Nos identificamos con nuestra apariencia, nuestro nombre y nuestra denominación de origen. Aceptamos como buena y válida la información transferida por el inconsciente colectivo. De esta manera creemos que son correctos los patrones adoptados de generación en generación, los cuales han sido útiles para sobrevivir en determinados momentos, por lo que hoy, solo son miedos innecesarios. Aprendemos a pensar de una forma preestablecida y nos adaptamos al "mundo real". Pero hay muchos mundos reales: solo basta con conocer las perspectivas de las diferentes clases sociales.

A medida que las personas transitamos de la adolescencia a la adultez, parecería que cruzamos un umbral en el que vamos olvidando la felicidad. Comenzamos a asumir compromisos para encajar de manera perfecta con nuestro estereotipo social según el rol de turno. Y así vamos dando pasos concretos para un seguro divorcio de nosotros mismos.

No es extraño que aun cuando tenemos la vida perfecta en los planos familiar, financiero y social, emocionalmente sentimos que nos falta algo. Nos pasamos toda la vida en una búsqueda sin fin. ¿Alguna vez nos hemos detenido a preguntarnos qué buscamos o a quién? La respuesta más simple, y compleja a la vez, es que vamos en busca de nosotros mismos. Como *Alicia en el País de las Maravillas*, que siempre tuvo la respuesta, pero no lo sabía.

Coexistimos en lo espiritual, que es donde se siembra. En el mental-emocional, que es donde se cuida. Y en el físico, que es donde cosechamos. Este mundo real no es más que un reflejo de lo que hay en nuestro interior. No significa, que nos valla mal o bien, por lo buenos o malos que somos, simplemente es la información que estás traduciendo de ti mismo. En el mundo mental-emocional es donde interpretamos los sentimientos, adoptamos las creencias, los hábitos y las decisiones responsables de lo que estamos viviendo en este momento, nos guste o no. Es una especie de puente. De hecho, es en el único espacio donde encontraremos las fuerzas para traer a la realidad cualquier cosa que deseemos.

Lo increíble es que buscamos cambiar los resultados de nuestra vida en lo físico. Luego sentimos que se nos cae el mundo con las situaciones que calificamos como malas o en los momentos difíciles, sin entender que esas circunstancias ya fueron creadas anteriormente con una decisión automática que tomamos en base a nuestra programación mental o creencias. Lo vital es responsabilizarnos de las consecuencias y aprender a sembrar semillas distintas en el mundo espiritual a través del crecimiento personal, para que al cabo de un tiempo los resultados sean distintos.

Para poder interactuar en nuestros mundos, es necesario realizar algunas actividades diarias, sencillas pero efectivas. Así puedes lograr la transformación que buscas. Debes ser disciplinado y continuar aun cuando al principio no veas los resultados. Todo ocurrirá naturalmente sin desesperación ni bloqueos, como cuando siembras una planta; debes esperar que germine la semilla, su nacimiento y crecimiento. A veces por largos años, dependiendo de la productividad, antes de empezar a cosechar. El resultado de las transformaciones del mundo espiritual comienza a sentirse casi de inmediato por el trabajo realizado en lo mental-emocional; la paz y el gozo son su reflejo. Pero en el mundo físico tarda un poco más. Las consecuencias de las decisiones anteriores se hacen presentes para probar tu crecimiento.

Para avanzar en esta interacción podemos practicar algunas acciones. ¿Te animas? Vamos entonces a cultivar nuestros jardines sin ansiedad...

Orar, meditar, hacer silencio y tener momentos de presencia te permiten conectar espiritualmente con un mundo fantástico, el cual es necesario conocer para disfrutar y renovar la paz y la felicidad diariamente. Esto te ayuda a observar la vida desde el todo, desde la abundancia y desde el desapego.

Reflexionar es dedicar 10 minutos cada día para pensar en lo que quieres de la vida, conocer tu propósito, lo que te hace feliz, de manera que puedas planificarlo para saber hacia dónde dirigirte sin perder el verdadero rumbo a pesar de las situaciones y circunstancias que se puedan presentar.

Debemos también cuidar los pensamientos, no enfocarnos en las cosas que no queremos, ni en las negativas. Recuerda, que la mente es protectora y que busca la supervivencia, así que siempre tratará de mantenernos en la zona conocida para evitarnos el afrontar nuevos retos. Si no la dominas, ella siempre buscará la forma de recordarte toda la basura residual de las decisiones pasadas. La mente te seguirá embarrando la vida aun después de decidir y estar sintiendo la transformación interna. Debes tomar el control cada día, cada momento, cada segundo, para soltar las preocupaciones de las añadiduras, aunque parezca paradójico.

Por último, toma acción en todo lo que hayas definido. Recuerda que la primera apuesta que haces es por ti. Ejercítate, come saludable, descansa, invierte en tu formación y encuentra tiempo para compartir, para el ocio y para la diversión. Si tú estás bien, todo a tu alrededor lo estará. Y ya verás como todo va tomando el rumbo adecuado.

Este conocimiento entregado es pura teoría. No tiene ningún efecto sobre aquellos que simplemente leen este libro. Aplicarlo es lo que te dará la verdadera sabiduría. Para Luchy, poner estos ejercicios en práctica no fue fácil en un principio. Quería descubrir y lograr en días lo que no había logrado por años. Se impacientaba tras los resultados prometidos en los libros de superación personal que leía. Practicaba todo cuanto podía permitirle alcanzar el objetivo de armonizar sus tres mundos.

Uno de los libros más interesantes que ella leyó fue *Las 7 leyes espirituales del éxito* de Deepak Chopra. Así comenzó a observarse desde fuera de sí misma y pudo entender la verdad de las cosas. Había estado incluyendo la necesidad, el estrés y la impaciencia en su deseo de crecer. Cuando en realidad, el desarrollo espiritual es justamente deshacerse de todo eso. No se trata de olvidar la superación personal, sino de la cuota de sufrimiento innecesario que añadimos al proceso, que no es nada más que carencia. Estas leyes le enseñaron no solo a vivir mejor, sino a materializar más rápido todo cuanto deseaba. Veamos como Luchy las fue descubriendo y aplicando este conocimiento en su vida...

La *ley de la potencialidad pura:* plantea no juzgar como bueno o malo nada de lo que nos ocurra. Simplemente hay que aceptar el tiempo presente. Vivir esta ley significa quitarnos todo estrés y ansiedad. Lo interesante es que esto mismo nos plantea la Biblia con el mandamiento *No juzgarás*. Al asumir que nunca fue una víctima de las situaciones ni de las personas, Luchy quito el peso emocional de su vida. Decidió perdonar y perdonarse. Comenzó a creer en un propósito superior y en que cada cosa que ocurre en la vida es para enseñarnos a vivir en positivo.

A través de esta ley podemos utilizar la fuente de la vida y su poder de creación. No solo porque al no juzgar las cosas nos abrimos a todas las posibilidades, sino porque nos permite entrar en un nivel de vibración en que las energías negativas no tienen poder. Luchy aprendió tanto de esta ley, que se fue quedando vacía. Todas sus imágenes del pasado se fueron quedando en la zona en desuso de su mente y así dio paso a la nueva vida que ella deseaba vivir.

La *ley del dar:* establece que hay tanta gracia en dar como en recibir, pues en este mundo existe mucha abundancia para compartir. Invita a que establezcamos el regalar en silencio un buen deseo o pensamiento positivo a las personas que vayamos encontrando a lo largo del día. De esa forma recibiremos del universo este mismo regalo. Practicar esta ley ayudo a Luchy a sentir la abundancia desde lo más profundo de su ser. Como no es necesario tener fortuna para poder compartir, ella entendió que las cosas más valiosas de este mundo no son las que compramos, sino las que entregamos desde el corazón: el amor, los buenos deseos, la compañía, una conversación agradable, los buenos momentos, un abrazo, una sonrisa... El mundo se transforma ante estos gestos humanos.

Comenzó a repartir alimentos a personas sin techo en Madrid, una ciudad donde las temperaturas en invierno son bastantes frías. Conocer a personas que pensaban que no tenían nada, le hacía sentirse agradecida por todo lo que la vida le había dado. Lo interesante es que cuando entregas desde el amor, todo lo que deseas y es beneficioso para ti y el cumplimiento de tu propósito de vida, se materializa milagrosamente.

La *ley del karma* o de causa y efecto: nos llama a observar nuestras decisiones en cada momento. Nos hace preguntarnos ¿cuáles son las consecuencias de esta decisión que estoy tomando? ¿Traerá felicidad y satisfacción para mí y para aquellos a los que afecte? Ambas interrogantes nos ayudarán a tomar consciencia de los resultados futuros de nuestras decisiones presentes. A Luchy, la culpa de muchas decisiones inconscientes le perseguía junto a las consecuencias de las mismas. Nunca se había detenido a reflexionar sobre el dolor que podía causar a otros. Pero, al conocer esta ley entendió que debía asumir las enseñanzas y responsabilidad de cada situación arrastrada, así como que siempre hay tiempo para hacerlo mejor.

La vida nos sirve de espejo para observar en otros nuestras actitudes; entonces es cuando nos ponemos en el lugar de los demás y creamos consciencia de que pude haber sido distinto. No obstante, perdonarnos es vital para que la carga emocional no siga tomando decisiones por nosotros.

La *ley del menor esfuerzo:* nos hace aceptar que este momento es como debe ser. Tras aceptar las cosas como son, se debe tomar responsabilidad por la situación y por todos los eventos que percibamos como problemas. Así entendemos que la consciencia se mantendrá establecida en la no justificación y renunciando a la necesidad de defender un punto de vista. Perseguir incesantemente algo en la vida crea un bloqueo espiritual en referencia con ese objetivo. El universo te devuelve al cien por uno lo que le presentas. Por eso, mientras Luchy más se empeñaba en conseguir ser apreciada y reconocida, la vida le decía que el amor y el reconocimiento que debía recibir era el propio. Gracias a esta ley, ella dejó de correr hacia ninguna parte, de vivir en el mañana, y comenzó a estar más presente en el ahora sin mayor esfuerzo, con la confianza de que la vida siempre le entregará lo que necesita tener, accionando sin sufrimientos.

No te esfuerces tanto por impresionar a los demás. Descubre la belleza dentro de ti. Solo tienes que sacar lo que llevas en tu interior y todo el peso de la vida se irá cuando dejes de enfocarte en una realidad difícil y hostil. Camina lento. Disfruta cada paso. Haz lo que tengas el tiempo de hacer. No quieras construir el mundo en un día (Dios tardó seis). Dedica tiempo para ti y para los que amas. Hazle el amor a la vida despacio: "siente cada latido, cada poro y vívela".

La *ley de la intensión:* nos enseña a hacer una lista de deseos y llevarla con nosotros a donde quiera que vayamos. También es necesario leerla antes de hacer meditación, antes de entrar en el silencio y al despertarnos en la mañana. Luchy cada día escogía un deseo y mientras respiraba profundamente para hacer sus meditaciones, retenía esa visualización en su mente. Luego comenzaba a hacer silencio. Al principio, apenas se podía concentrar por tres minutos, hasta que luego logró concentrarse por un día completo. Esta lista debe ser liberada de ansiedad, estrés o carencia. Es necesario rendirnos a la sabiduría de la creación, entendiendo que cuando las cosas no son como quisiéramos que fuesen, es porque existe una razón más poderosa. El plan cósmico está diseñado para más grandeza que aquella que hayamos podido concebir o imaginar. Luchy, aplicó esta ley de forma correcta y colocó en la fuente sus intenciones. Accionó para materializar su deseo y en menos de 30 días ya estaba logrado.

La *ley del desapego:* consiste en permitirnos la libertad de que las cosas a nuestro alrededor sean como son, sin que impongamos rígidamente nuestra idea de cómo creemos que deben ser. Invita a no forzar las soluciones ante los problemas, para evitar así crear más problemas, y a participar en todo sabiendo que es parte de la nada. También a incluir lo incierto como parte esencial de nuestra experiencia y a vivir la incertidumbre desde la confianza, porque la incertidumbre es el camino a la libertad. El apego no es no poseer nada. El apego es que nada te posea a ti y no ser esclavo de lo que se tiene o se desea.

Esta es quizás una de las leyes más difíciles de practicar, pues nos enseñan que lo externo es lo que nos hace valiosos. Por eso Luchy entendía que necesitaba alcanzar el éxito para demostrar su valía, por lo que su apego a esta posición era más fuerte que a lo material. Podemos apegarnos a personas, cosas o emociones que nos atan a ciertas situaciones en la vida. Para Luchy fue necesario sentir el dolor del fracaso y la soledad para comprender que fuera de ella no había nada necesario para ser feliz, así como que todo lo externo (pareja, hijos, casa, carro, carrera...) solo complementaba las emociones de su ser en la forma física.

Después de aprenderlo a puro dolor y a través del conocimiento de la experiencia, solo les puedo decir que es necesario confiar en el universo y saber que lo que es para nosotros y conviene al propósito de nuestra vida, llegará sin necesidad de sufrimiento. Para eso hay que practicar la rendición total y quitarnos la ansiedad, el estrés y el dolor de nuestros anhelos. En muchas ocasiones nosotros nos empeñamos en vivir situaciones que no nos hacen bien y que por más que la vida nos muestra otro sendero, nos empecinamos en recorrer. Soltar, dejar en libertad nuestro deseo es válido. Es una decisión que produce sanidad.

La *ley del darma* o de propósito de vida: indica que es necesario hacer una lista de todas las cosas que nos gusta hacer, expresar nuestros talentos únicos y ponerlos al servicio de la humanidad. Cuando somos capaces de perder el sentido del tiempo realizando algo positivo, allí, en ese algo, tenemos talento único. Eso crea abundancia en nuestra vida. ¿Cómo puedo ayudar? Esta pregunta nos permitirá atender las necesidades y desarrollar con amor propuestas de servicio al prójimo desde nuestros talentos y dones. Esto nos lleva a la prosperidad.

Luchy siempre supo que no sería feliz si renunciaba a ella misma. No podía enterrar sus dones y talentos, porque los consideraba regalos divinos. Fueron muchas las noches que pasó sin dormir para lograr cumplir el propósito de su vida. En medio de muchas situaciones financieras difíciles, nunca renunció a creer que podía poner en la fuente sus deseos más profundos y comunicar ese mensaje que llevaba en su interior: se puede vivir sin miedo. Esfuérzate, sé valiente y todo el universo conspirará a tu favor. Llegarán esos maestros para guiarte. Las puertas se abrirán a tu paso y el mundo te entregará las llaves de la prosperidad.

18
Somos naturaleza

Abrazar a los árboles era una práctica habitual en Luchy. Desde su niñez, y sin tener ningún conocimiento científico o espiritual sobre el tema, sentía que caminar descalza en la tierra o estar en contacto con la naturaleza le ayudaba a olvidar las situaciones difíciles. Le gustaba acostarse en la grama y mirar el cielo. Nube tras nube se le perdía la mirada, mientras buscaba señales que le dijeran alguna cosa. No sabía qué, pero esperaba respuestas.

No podía explicar la sensación de plenitud y libertad que disfrutaba en esos instantes. Llegar a ese estado de paz, la conectaba con la fuerza viva de la naturaleza. Nunca enfermaba, y a pesar de tantas situaciones juntas, siempre mantenía buen ánimo y una actitud positiva. Los árboles aumentan nuestra vibración, haciéndonos sentir bien, tanto física como psíquicamente. Si paseamos frecuentemente por los frondosos bosques, podemos incluso sanarnos de muchísimas enfermedades.

Ella se figuraba en un espacio vital al que aprendió a ir en su imaginación siempre que necesitaba escapar de lo habitual. Cada quien puede escoger su lugar perfecto para retirarse y entrar en sí mismo cuando lo necesite. En su caso, ella había creado una llanura hermosa sembrada de girasoles, desde donde se podía ver el mar y, en la parte de atrás, una hermosa montaña en la que caía una cascada de agua hacia un pequeño manantial cristalino.

La casa era sencilla. No necesitaba grandes lujos. El verdadero privilegio era tenerla. Allí encontraba la fuente de inspiración e imaginación para crear su vida futura, sanar sus heridas emocionales a través del perdón a los demás y a ella misma y a sanarse físicamente de alguna dolencia esporádica.

Creía fervientemente en la sanidad física por medio de la energía. Una experiencia personal con Choy Wong, fundador de los seminarios *Caminos*, le había permitido hacer una transformación en su estado físico, sentido y visiblemente en menos de 30 minutos. Afectamos todo cuanto nos rodea. Todo es energía. Las emociones se transmiten a nuestro cuerpo como enfermedades, mientras que los sentimientos predominantes de todos se transmiten al planeta.

Cada uno de nosotros debe entender la importancia de la interrelación con otros seres vivos, como las plantas. Muchos piensan que solo están allí para satisfacer una necesidad alimenticia o la producción de oxígeno. Pero todo es parte de un todo. Los árboles tienen otras funciones. Llamamos árbol al ramaje que vemos por encima del suelo. Cuando paseamos por un bosque vemos un conjunto de árboles. Pero allí hay mucho más de lo que percibimos con los ojos. Debajo de la tierra existe un mundo de infinitos caminos biológicos que conectan a todos los árboles y les permiten comunicarse y comportarse como un solo organismo. Esto nos lleva a pensar que se mueven gracias a algún tipo de inteligencia desconocida.

Las personas nos beneficiamos de su copa. Sin embargo, la parte más poderosa de este ser vivo se encuentra bajo tierra. Ellos se conectan entre sí, así como la parte espiritual, que no se ve, nos conecta con el suelo fértil de la vida. Ellos nos limpian emocionalmente de la misma forma que limpian el aire que respiramos. Cuando respiramos más correctamente, ese aire adquiere la capacidad de ayudarnos a tomar consciencia e inclusive a volvernos más inteligentes.

Otra función de los arboles es enseñarnos. Son maestros de la naturaleza. Basta con observar su comportamiento. Ellos, sin pronunciar palabras, nos enseñan a vivir sin estrés ni ansiedad, a compartir, a comunicarnos, a no competir. Nos enseñan la paciencia necesaria y a crecer sin luchar. La sabiduría de las plantas es afirmada por los chamanes de todo el mundo, quienes dicen hablar con ellas. Según estos sabios, los mismos árboles les indican cuáles de ellos pueden sanar determinada enfermedad. Aristóteles, el filósofo griego, atribuyó alma a las plantas. Hipócrates, padre de la Medicina, aconsejaba a sus discípulos hablar con las plantas, pues aseguraba que ellas tenían el conocimiento de la curación.

En la actualidad existen varios experimentos científicos que nos animan a aprovechar esta sabiduría. La ecóloga Suzanne Simard, autora de los libros *The Hidden Life of Trees* y *Intelligent Trees*, lleva más de treinta años investigando cómo se comunican los árboles. Demostró que los de la misma especie interactúan y se ayudan a sobrevivir. Esta doctora y su equipo descubrieron que existe una red que se extiende por todo el bosque. Un puñado de tierra puede contener kilómetros de diminutos hilos. Estos hilos son micelios, raíces de hongos que tienen una simbiosis con las raíces de los árboles. Bajo tierra, las raíces se juntan con los hongos. Así, por ejemplo, un árbol envía CO_2 hacia abajo, que pasa por el sistema de raíces donde a su vez los hongos, que son los mensajeros, lo envían a otro árbol que lo pueda necesitar. De modo que todos los árboles trabajan unidos, recibiendo y enviando gran cantidad de información y nutrientes, como si todo el bosque fuera un solo organismo.

Los árboles son seres muy sociables que hablan un idioma común. No compiten con los de su misma especie. Por el contrario, se apoyan unos a los otros, ya que tienen una consciencia de grupo muy elevada. Esta teoría también es apoyada por la bióloga Susan A. Dudley, de la Universidad de McMaster. Ella descubrió que la planta *Impatiens pallida* dedica menos energía a expandir sus raíces cuando está rodeada de las de su misma especie, mientras que cuando crece sola expande sus raíces lo más rápido posible, extendiéndose a un área mayor.

El científico botánico estadounidense Davey Rhoades infestó un grupo controlado de sauces con una oruga tóxica, con la intensión de que estos árboles se protegieran de ella. Para defenderse, los sauces elevaron el nivel de ácido clorogénico, que es tóxico para las orugas, y estas murieron. Lo curiosos fue que un grupo de sauces cercanos, que no fue infectado por estos insectos, también elevó su nivel de ácido clorogénico ante un posible ataque. Esto demostró que hubo algún tipo de comunicación entre estos árboles.

Algo muy similar ocurre con las acacias. Las jirafas mordisquean sus hojas tan solo por un momento y en seguida las dejan, porque saben que estos árboles, cuando se sienten atacados, generan taninos, que son mortales para los herbívoros. Además, las jirafas saben que ya no podrían comer de ningún árbol de ese bosque, porque todos a la vez comienzan a generar ese tóxico, con lo que se demuestra que existe algún tipo de comunicación entre los árboles.

Los árboles también transmiten conocimiento a la nueva generación, aunque sean de diferente especie. Los árboles cuidan de sus retoños como una gran familia. Se produce una transferencia de información de los más ancianos a los más jóvenes a través de árboles denominados madre. Se ha empezado a investigar si el sistema de raíces de los árboles, y en general el de los bosques, funciona de la misma forma que el cerebro humano.

Nuestro cerebro se compone de neuronas y axones. Las neuronas se relacionan físicamente, pero también metafísicamente, porque se envían mensajes y dependen las unas de las otras. Cada vez hay menos escepticismo para aceptar que las plantas utilizan el sonido para comunicarse. Según la Física, todo vibra y produce sonidos, y en términos energéticos una planta gasta menos energía en emitir sonidos que en emitir señales químicas. La membrana de las células vegetales reacciona a la vibración de una forma muy similar a la de las células humanas.

La basura de tu mente

Según la doctora Simard, los árboles tienen sentimientos y pueden vivir emociones de dolor o miedo. Si uno de ellos es atacado por un insecto o por el hombre, avisa a los demás para que estén preparados frente a la amenaza.

En 1966, al doctor "Cleve" Backter, especialista en interrogatorios de la CIA, se le ocurrió conectar un polígrafo a una planta de caña. Para su asombro, vio que en el aparato aparecía una línea recta, algo que él conocía bien por su experiencia en interrogatorios. Debido a que el polígrafo no registraba nada más que esa inactiva línea recta, Backter se empezó a preguntar cómo podía hacer reaccionar a la planta. ¿Tendría sentimientos? Pensó que las personas muestran esas reacciones en el polígrafo cuando se sienten amenazadas. Así que pensó en la idea de quemar una hoja de la planta. Y justo en ese momento el polígrafo dibujó una curva muy acusada. Eran las tres de la madrugada. No había tocado la planta y ni siquiera se había movido. Tan solo había pensado en quemarla. ¿Acaso la planta leyó su mente y por eso se sintió amenazada? A esta supuesta capacidad, Backter le llamó "percepción primaria". ¿Podría una planta identificar al asesino de su dueño o tener memoria para reconocer a quien le hizo daño en el pasado? Él realizó muchos más experimentos con su polígrafo, cuyos resultados no han sido corroborados por la ciencia.

Actualmente se ha confirmado que los pacientes recién operados que ven árboles desde su ventana, tienen una recuperación más rápida. Asimismo que los vecindarios donde hay muchos árboles son menos violentos, porque estos tienen el poder de absorber las emociones negativas del ambiente. De manera, pues, que los humanos podemos entender que somos parte de un todo y que todo está dispuesto para ayudarnos en nuestro proceso de transformación interior. Nada es lo que parece. Cada uno tiene el derecho de abrir los ojos a la vida. Quizás si lo planteamos de una manera más lógica y científica, podríamos decir, que la mayoría de los medicamentos que tomamos, son de plantas procesadas químicamente.

Debemos aprovechar la naturaleza para conectarnos espiritualmente. Pero también para curarnos emocional y físicamente. Respirar aire puro en un bosque, mirar el mar, el cielo o una puesta de sol, caminar descalzos por la tierra o la arena, abrazar o hablar con un árbol nos permite sacar las emociones negativas de nuestra vida. Todo está creado para ti. Eres quien tiene el poder. La naturaleza está creada para apoyarte en cada momento. El sol, la tierra y el agua entregan su energía diariamente para alimentarnos. ¿Habrá mayor milagro que observar la magia que existe en nuestro planeta? No obstante, la mayoría lo asume como algo normal. Mira la vida desde el agradecimiento eterno, y siente que todo está diseñado como un gran regalo para ti, y verás el universo te dirá *amén*.

19
El talento como moneda de cambio

Cada meta en la vida te exigirá crecer y esforzarte. Nunca entierres los talentos que Dios te ha regalado en tu diseño perfecto. Tocar el corazón de las personas desde tu experiencia de vida, y compartir el mensaje que llevas en tu interior sin miedo a las circunstancias por más complejas que sean, es la mejor existencia que puedes regalarte. Es una acción liberadora y gratificante.

Cuando llegas a este mundo ya traes todo lo que necesitas integrado en tu diseño perfecto. No tienes que comprar tus talentos y dones. Son un regalo para ti y una bendición para tus semejantes. Son la moneda de cambio que te entregó la vida para que puedas acceder a la abundancia de este mundo.

Al leer la parábola de los talentos, entendemos que la vida, al igual que el amo, nos da la oportunidad de ser como cualesquiera de los tres personajes principales de la historia: Arat, Jot y Tola. Se nos entregan los talentos y nosotros definimos si enterrarlos o arriesgarnos para multiplicarlos. Arat y Tola, los siervos responsables, encontraron grandes dificultades en el camino. No fue sencillo para ellos decidir en qué invertir. Aunque no tenían la certeza de lograr la meta, el reto nunca les detuvo. Siempre pensaron en proyectos que beneficiaran a los demás, y fueron fieles a su amo o al propósito que trae la vida en su diseño perfecto. Pidieron dirección a Dios, lo que significa que cultivaban su mundo espiritual.

Jot, por el contrario, por miedo a fracasar, decidió enterrar su talento y vivir una vida normal. Llegó a burlarse de sus compañeros por el gran esfuerzo que realizaban para cumplir con el propósito que el amo les había encomendado.

Arat, por su parte, comenzó a cosechar trigo y ganó el doble de las monedas entregadas por el amo. Además, pudo alimentar a una viuda y a su hijo. El amo, orgulloso de su siervo, le dijo "Como has sido fiel en pocas cosas, te pondré al frente de muchas más". La vida es generosa cuando le demostramos que somos fieles al propósito. No debemos abandonar nuestros dones y talentos por miedo a no alcanzar la prosperidad. El universo leerá ese miedo, que es energía negativa, y tu deuda emocional será el desgaste y la frustración, aunque alcances la prosperidad financiera.

Jot sintió miedo y le dijo al amo que, hiciera lo que hiciera, este nunca estaría satisfecho. Por eso enterró su talento, para no perderlo. El miedo, la falta de confianza y la pereza, prevalecieron en este siervo, a quien el amo ordenó: "Siervo malo y perezoso, te ordeno que entregues tu talento a los demás". Esto guarda semejanza con las personas que deciden hacer su menor esfuerzo en trabajos que odian, esperando a que las cosas mejoren en algún momento. Para ellas esto es suficiente. Sin embargo, la vida simplemente les deja sobrevivir y entregar sus talentos a otros que sí saben utilizar los regalos divinos.

Cada uno de nosotros nació con cinco talentos. Nuestra originalidad consiste en saber que jamás conoceremos a otra persona que posea exactamente aquellos mismos con los que nacimos. Con el tiempo vamos desarrollando muchas habilidades relacionadas a estos talentos. Eso significa que hay algo en esta tierra que solo nosotros podemos realizar con profunda belleza. En el caso de Jot, el miedo le impidió intentar multiplicar sus talentos. ¿A qué o a quién le temía? Los otros dos siervos, Arat y Tola, se arriesgaron y, aunque las cosas se pusieron muy difíciles en algunos momentos, no se rindieron y pudieron duplicar sus talentos. Eso quiere decir que el miedo que sentimos en la vida es en realidad un miedo a nosotros mismos disfrazado de situaciones que nos prueban el carácter para superar las adversidades.

Casi nadie se dedica a lo que le gusta. Se ha creado cercos sociales para evitar que las personas sean ellas mismas. La Revolución Industrial necesitaba mano de obra para sus fábricas. Por eso había que formar masivamente los tipos de obreros adecuados solo en las áreas determinadas para la producción. Es por eso que el incentivo a las bellas artes fue olvidado con el paso del tiempo, ya que no servían para llenar el gran apetito del sistema.

Todavía hoy nos moldean, definen nuestros caminos y nos inducen. La mayoría camina como soldados zombis del sistema, sin cuestionar nada. La gente renuncia por completo a sí misma, creyendo que el defecto está en ella y no en el diseño social.

No enterrar tus talentos es lo único que puede hacerte verdaderamente rico económica y emocionalmente.

Muchas personas son castigadas por seguir sus sueños. De hecho, seguirlos es nadar contra la corriente. Son tontos los esfuerzos y muchas las carencias financieras de un emprendedor. Por eso la mayoría de los que se arriesgan se dan por vencido en pocos años. El sistema está preparado para eso.

En las escuelas hasta para ir al baño hay que pedir permiso. ¡Algo que es una necesidad y no un lujo! Si se cambiara la situación, el currículum y la pedagogía serían muy distintos. Se incentivaría la cooperación, la organización, el liderazgo y la interdependencia. Aunque, los gobiernos siguen gastando recursos en mantener un sistema educativo que forma a las personas para un mundo que ya no existe.

Solo después de un largo recorrido de años e inversión en colegiaturas, licenciaturas y maestrías, tanto padres como estudiantes viven en carne propia la dura experiencia de entender que el sistema ya no puede absorber esos nuevos profesionales de carreras que la tecnología va desplazando. Es ahí cuando comienza la frustración por la falta del empleo, de la competencia entre personas y de las necesidades económicas insatisfechas. En este punto no se sabe cómo emprender con garantía de éxito, porque no fuimos preparados para eso desde la niñez.

Más de cinco intentos fallidos no fueron suficientes para desanimar a Luchy. En su corazón sabía que el camino correcto solo era el que la conducía hacia ella misma. Quizás la inestabilidad en su vida, en este caso positiva para el propósito al que estaba llamada, le ayudaba a no conformarse con la rutina diaria de un horario de 8:00 a.m. a 5:00 p.m. No solo era ambición. Sentía que todas las fuerzas de la naturaleza se habían conjugado para hacerla aprender de la dura experiencia, para permitirle despertar un mayor grado de consciencia e insatisfacción con el sistema.

Luchy sabía que debía transferir un mensaje a las futuras generaciones: "Debemos vivir sin miedos". Sin miedo a quienes somos, a lo que sentimos, a lo que deseamos, a nuestro potencial, a pedir ayuda, a ayudar, a fracasar, a que nos juzguen, a no juzgar, a que nos acusen, a que se burlen de nosotros... Todos debemos aprender de la dura experiencia a crecer y a lograr lo que Dios soñó al diseñarnos, a ser *nosotros mismos*, la mejor versión que podemos dar; no para satisfacer a los otros, sino para sentirnos realizados y poder decir al final de nuestros días: *consumado es*.

El cambio es inminente. El sistema colapsa. La raza *Yo Soy* comienza a emerger. Se puede sentir la frustración del mundo hacia lo establecido. Algunas personas ya se han atrevido a hablar de esto antes. Uno de ellos es Emir Salazar, un niño argentino denominado Cristal, a quien tuve el honor de conocer en febrero de 2018 antes de que falleciera a sus 25 años de edad. Desde el Proyecto Iris, Cristal planteaba lo siguiente:

"El objetivo de realizar esta misión y propósito es asimilar esta información para llevarlo por toda la superficie del planeta, porque la transformación ya ha comenzado. Los que reciben o

perciben toda esa realidad son como una especie de células siendo mediadores. Por eso es vital que seamos ejemplos para nosotros mismos desde la coherencia. La gran labor es UNIR: La integración de todas las partes o geometrías sagradas de uno mismo hasta que la visión o cuerpo físico literalmente se convierta en consciencia, que es la totalidad o comprensión de uno mismo siendo puramente LA PRESENCIA YO SOY.

Esta es una "entrada a nuestro interior" y es determinante para comprender y vivir como lo que eres: YO SOY. Necesitamos activar nuestro ser y mente en la realidad, que es sinónimo de haber comprendido los diferentes puntos de vista que nos hemos olvidado al venir a este plano de existencia, cuando teníamos la visión del YO SOY. Por esto es importante recordar quién YO SOY, volver a cortar y tejer la red desde el encendido de cada uno de esos puntos que somos nosotros mismos y no el mero hecho de volverse loco por los parámetros sociales establecidos o seguir a alguien en particular que tiene sus propios criterios e intereses.

Debes comprender la esencia interna que llevas dentro. Por esto es vital que seamos soles para nosotros mismos y no para otros. Transitar las aristas para unir los puntos y conocer las caras de la misma esencia es en realidad experimentar empoderados la integración de nuestras partes, porque somos un todo: lo espiritual, mental-emocional y físico".

Estas afirmaciones de un ser humano me resultaron impactantes. Aportaron sentido a la realización del cuaderno de psicología educativa *Yo Soy* en el año 2015, una iniciativa de Vivir en Positivo en la República Dominicana. Sin conocer a Emir Salazar o haber escuchado de él, estábamos hablando de lo mismo: llevar a las personas a través de preguntas al autoconocimiento, a descubrirse y a entender mejor quiénes son.

Encontrarse y aceptarse es sabiduría. Es vivir plenamente la experiencia de existir. Tú eres lo que trajiste contigo, tu sentir y tus experiencias. Todo lo demás es añadidura. No desarrollar nuestros talentos y dones equivale a perder una parte muy importante de nosotros. Es como salir para un viaje sin llevar el dinero para las cosas básicas que necesitas y para cumplir su objetivo nos dedicamos a trabajar por la comida, y se pasan los años, sin llegar al objetivo. Durante el camino, nos preguntaremos ¿A qué he venido a esta tierra? Al final, solo habrá frustración.

Los mayores decían que cada niño nace con su pan debajo del brazo. Lo creo sinceramente, aunque con una leve, muy leve variación: "no debajo del brazo, sino en el corazón". Naces con tus talentos. Desde que eres niño te sientes atraído por algunas cosas más que otras. Quién eres interiormente es un poderoso imán que crea una conexión directa con lo que te hace feliz cuando lo estás realizando. Esas emociones positivas te hacen ser más productivo. Pero los comentarios de la gente, el miedo a las carencias económicas y los parámetros sociales te hacen que las vallas olvidando, enterrando así tu verdadera riqueza en los abismos del pasado y la adopción de programaciones mentales con hábitos y rutinas de tu yo en la realidad.

Es necesario despertar a la humanidad, para que el egoísmo no nos siga ocultando la esencia de la belleza que reside en cada uno de nosotros. Es necesario que podamos cumplir y aportar al planeta y a nuestros semejantes lo que cada uno es, porque la verdad y la realidad no son la misma cosa. No es lo que haces, es lo que eres. ¿Quién eres? ¿Quién eres? ¿Te conoces en realidad?

La basura de tu mente

20
La vida es equilibrio

Gustavo es un gran chico, excelente profesional y muy enfocado. Tiene todo lo necesario para ser feliz, pero no lo es. De acuerdo a los parámetros sociales, es una persona exitosa. A su corta edad es ejecutivo de una gran compañía, está haciendo su maestría, tiene novia y unos amigos geniales. A veces se le ve bastante cansado y todo el mundo le reclama que casi no tiene tiempo. Últimamente se nota su agotamiento. Se ha estado quejando más de lo habitual. Parece que a su edad ya ha perdido el gusto por la vida. Está sin alegría.

En una tertulia de amigos, Luchy le dijo a un chico que le deseaba mucha salud, prosperidad y felicidad. Él frunció el ceño, sonrió y preguntó cómo podía lograr eso. Ella le contestó que no podía hacerle un mapa para encontrar la felicidad, pues apenas iba descubriendo el camino de la suya. Pero le dijo que la receta para tener una buena vida reside dentro de uno mismo. "Tú la tienes; de hecho, todos la tenemos, aunque no sepamos cómo aplicarla. A mí me está dando resultado. Lo que te voy a decir no es una receta. Simplemente es algo que puede resultar o no contigo". Entonces le habló del equilibrio vital, del tiempo, del despego, del amor por uno mismo, de la autoconfianza, del actuar sin detenerse, de la alegría de vivir.

El equilibrio entre lo emocional y lo lógico es el principal gran logro que las personas debemos lograr. Las decisiones que se toman basadas en cualquiera de los extremos, seguro nos atraerán situaciones complicadas en lo adelante.

Lo mismo sucede con nuestro tiempo. Es muy posible que nos dejemos llevar por nuestros deseos de superación y de alcanzar la prosperidad, mientras adoptamos una rutina tóxica de demasiado trabajo. Eso termina por afectarnos física, emocional y mentalmente, en el afán por crear riqueza a cambio del tiempo que tenemos para disfrutar la vida.

Es importante saber que vivimos en un universo abundante y que tenemos acceso a toda la creación. Pero perder la paz por aquello que pensamos que nos hace falta, es muy mal negocio. Es determinante practicar el desapego. Debemos estar conscientes de que todo es añadidura, desde nuestra pareja hasta el carro último modelo que soñamos tener. Por lo tanto, si en algún momento no obtienes lo que quieres, o no llenan tus expectativas, o pierdes algún bien material, no permitas que eso domine tu vida. Simplemente acepta, deja ir y sé agradecido por todo lo que ocurra en tu vida, aunque no lo entiendas ahora.

En todo momento y en cada situación, da lo mejor de ti. Mientras más practiques hacer las cosas con excelencia, te sentirás mejor contigo mismo cada día. Siéntete orgulloso de ti mismo y confía en tus capacidades. La autoconfianza es vital para lograr cualquier cosa que deseemos. Ella está estrechamente ligada a nuestro amor propio.

Escucha los consejos de los demás, pero haz lo que sientas que debes hacer. No permitas que otros tomen las decisiones por ti. Nunca hagas las cosas por ganarte la aprobación o aceptación de los demás. Esta es tu experiencia de vida, el día que partas de este plano físico lo único que te llevarás serán tus experiencias. Y si permites a otro decidir por ti, estarás cediendo todo tu poder de creación.

Identifica los hábitos nocivos o condicionamientos mentales cuyo patrón se repita en tu vida. Es necesario que entiendas que aquellas situaciones que nos provocan sufrimiento son consecuencia de creencias limitantes

La basura de tu mente

que no hemos superado y que nos hacen tropezar de nuevo con la misma piedra hasta encariñarnos con ella. Conócete mejor. Estúdiate. No guardes tus emociones. Debes tener un amigo o amiga con quien hablar. Si no, escribe las cosas que te hacen daño, te ponen triste o te dan miedo. No sacar lo que nos afecta produce cortisol, una hormona que puede llevarnos a la depresión y que se va acumulando en nuestro organismo hasta enfermarnos. No dejes de divertirte. Recréate. Sal de la rutina y vive. Pregúntate: ¿Se hizo la vida para trabajar o el trabajo para vivir? ¿Qué eliges? ¿satisfacer el ego de los demás o sentirte feliz? Gasta tu dinero en experiencias que te hagan reír y adquirir hermosos recuerdos, más que en cosas materiales.

Nos hemos confundido. El reto no es el éxito, sino la felicidad. Mientras mejor nos sentimos más posibilidades de lograr las metas tenemos. Recuerda que, así como no quieres una pareja o un socio enojado, ansioso o histérico, los demás tampoco lo desean. Cuídate de ser ese personaje pesimista...

Gustavo la miró. En esta ocasión reía a carcajadas. Luchy imaginó que se decía a sí mismo: "Tengo muchos cambios que hacer". Nunca me enseñaron como vivir. Es más, creo que hay personas que mueren sin haber aprendido a vivir. Comenzaré a vivir con menos prisas. Al fin y al cabo, nadie me está esperando. Todos los caminos conducen a una versión diferente de mí mismo, y no se trata de correr a ver quién llega primero, sino de disfrutar del camino".

Luchy también sonrió, de forma tímida, como quien conoce el camino y sabe lo que le espera. Casi la tercera parte de su vida la había pasado en los extremos. Un optimismo exagerado le hacía ver como ya realizadas todas las cosas que se le ocurrían. Poco a poco se había ido adentrado en un mundo caótico del *no tengo tiempo*. Esto hacía que cada día fuera más activa y menos productiva, porque no se detenía a pensar y menos a observarse.

Mientras más ansiosos estamos por lograr el éxito, más parece alejarse. Nos presentamos al universo con una energía de carencia, anhelando algo que está separado de nosotros. No atraemos lo que queremos, sino lo que somos; y si carecemos de eso, es lo que llegará a nosotros. Todo lo que pidas, sintiendo como que ya lo tienes, se te dará. No te preocupes (no estamos diciendo *no te ocupes*) por el mañana. La Biblia nos enseña que el mañana trae su propio afán. Son recomendaciones poderosas que nos hablan de la energía emocional que ponemos a las situaciones.

Si esperamos recibir es porque no tenemos. Significa que no estamos vibrando en el mismo nivel de energía de lo que queremos. Al entrar en stress, ansiedad o miedo, estamos demostrando debilidad espiritual. La fe es fortaleza espiritual. Avanzar hacia lo que se quiere con la confianza de obtenerlo sin presionarnos por el resultado, es el camino más rápido y sencillo hacia el éxito verdadero.

Es necesario planificar. Así como el *GPS* nos pregunta hacia donde nos dirigimos y analiza donde estamos para buscar el trayecto más rápido, así mismo nos hace la vida cuando le permitimos actuar. Es vital saber qué queremos lograr, saber qué pasos debemos dar y accionar cada día para lograr la meta, sin comprometer la alegría de vivir en el proceso. Nada es tan importante como para despojarnos y olvidarnos hoy de nosotros mismos y centrarnos en crear un yo imaginado e idealizado del futuro. Esto no significa que dejemos de soñar o ser pasivos. La acción es poner ladrillo tras ladrillo en el día a día, mientras que la ansiedad es querer ver la pared hecha en un solo día sin importar el precio. Las emociones negativas solo son necesarias para ayudarnos a reconocer las áreas en las que debemos trabajar, ya que son cargas innecesarias que nos impiden alzar el vuelo.

Has lo que debas hacer cada día, sin que nadie te dirija. No es necesario que te supervisen para hacer las cosas bien. Permítete tener la confianza en ti mismo al mil por mil. Si te levantas cada día sabiendo hacia dónde vas y con el plan a ejecutar, sin preocuparte por lo que debas hacer mañana, y lo realizas, al cabo de muy poco tiempo te habrás acostumbrado y programado para ser autónomo. Estarás eliminando las creencias que te dicen que otro debe decirte siempre qué hacer. Así tendrás el éxito asegurado.

21
Cree en ti... aunque nadie más lo haga

Luchy había iniciado una búsqueda pretendiendo encontrar respuestas. Interiormente algo le decía que debía avanzar y crecer sin más tropiezos y sin tantas luchas. Sabía que requería por fin armonizar su vida. Ya era el tiempo de abandonar el mundo fantasioso y dormido de *Fallon Carrington Colby*. Pensaba: Si Dios es amor, ¿cómo es que nos ha creado para vivir vidas carentes y miserables, llenas de sufrimientos? Debe haber algo, que la mayoría de nosotros no sabemos.

Fueron muchas caídas, muchas las lágrimas y mucho el buscar el sentido de la vida para entender que cualquier decisión tomada simplemente nos lleva a un único lugar: nosotros mismos. No hay prisa en conquistar ni en salvar al mundo para demostrar lo grandioso que somos. La única y mayor responsabilidad que tenemos para con este momento es entregar un ser humano en su mejor versión de sí mismo, un yo feliz.

Al pasar de los años, ella fue haciéndose consciente de que había algo más, que no solo era ese mundo físico, y que nosotros, como seres, estamos interactuando constantemente en los tres mundos, estemos conscientes o no de ello. Este plano solo es materia, un conjunto de células eficientemente diseñadas para ayudarnos a cumplir el propósito. Existen personas a las que le faltan brazos o piernas, o ambos, como el evangelista Nick Vujicic, quien no ha necesitado de sus extremidades para sembrar la esperanza en la gente y aun así tiene una vida sin límites y un espíritu muy poderoso: Nick ha logrado lo que muy pocos en condiciones normales habrían soñado.

Entonces no se trata de tu cuerpo o de tu aspecto físico, sino del ser que llevas en tu interior. ¿Estás permitiendo que la información externa te debilite o te empodere? ¿Estás buscando conscientemente el contenido que ves o escuchas? El conocimiento y la sabiduría están a nuestro alcance en este momento de la historia. Tener la valentía y arriesgarnos a ir más allá de los límites impuestos se hace necesario, aunque eso signifique tomar la píldora roja que Neo, el protagonista de la película *The Matrix*, eligió tomar en su momento.

Me encanta el cine de ciencia ficción. *The Matrix* es una de las películas que tiene un mensaje súper poderoso. Siempre que la veo encuentro algo nuevo que no hube notado antes, que me hace reflexionar y me lleva a una comprensión diferente sobre las cosas. Vivimos en el mundo de la distracción. Manejamos casi todo en piloto automático, permitiendo que el inconsciente lleve nuestra vida. Por eso es complicado entender cuándo algo es nuestro y cuándo es adquirido.

Es casi un acto heroico apagar el celular y dedicar una hora a cualquier actividad sin ser interrumpidos. La cantidad de información que nos llega a nivel visual, auditivo y quinestésico es tan grande que nos fatiga física y mentalmente. Lo determinante de esta situación es que la mayoría de las informaciones que nos llegan no son las que nos fortaleces, sino las que nos limitan y nos hacen perder la confianza en nosotros mismos.

Trinity, al ver que Neo se levanta y enfrenta al Señor Smith, se asusta y le dice a Morfeo: "Pero, ¿qué hace?". Y Morfeo le contesta: "Ha comenzado a creer". Para Neo, la opción más viable era correr. Nadie había sobrevivido a un enfrentamiento con este enemigo. Sin embargo, cuando se sintió perdido y acorralado (a veces se hace

La basura de tu mente

necesario llegar a ese punto para poder abrir los ojos), entendió la verdad de la situación. Ya no tenía nada que perder, porque todas las condiciones estaban dadas para morir. Solo tenía dos opciones: resignarse a morir o sacar de lo más profundo de su ser la fuerza interior que convence y fortalece: la confianza en uno mismo.

Neo logra vencer al Señor Smith. Luego, en cada nueva batalla, confía más en su poder y comienza a sentirse: el elegido. Tú, ¿Para qué has sido elegido? ¿Cuál es la visión que tienes de tu vida? ¿Conoces tu propósito? ¿O piensas que eres una cifra más, una identificación cualquiera con un nombre que ni siquiera has escogido tú?

Nos estamos deshumanizando y no nos estamos dando cuenta. Vivimos tan automatizados o idiotizados como cualquier robot que realiza y repite una programación y se cree inteligente, aunque no esté consciente de que no está vivo. Ver el sufrimiento de nuestra especie nos parece "normal". No vemos como nuestra responsabilidad una guerra en un país lejano. No entendemos que el sufrimiento de la humanidad afecta al planeta y que nosotros podríamos ser los siguientes. Creemos que, si algo hay que arreglar, debe arreglarlo otro, y así nos quitamos responsabilidades. Estamos perdiendo la confianza en la humanidad, olvidándonos que somos humanos.

Cuando comienzas a creer en ti, descubres que has venido a este mundo a cumplir una misión. Te haces más fuerte física, mental y emocionalmente. Pero también te vuelves menos egoísta y más sensible a las situaciones que experimentan tus semejantes. Asumes que eres vulnerable y que la perfección reside en saber que tienes debilidades sobre las que puedes trabajar.

A medida que vas logrando superar tus circunstancias, deseas con todo tu corazón que otros también lo vivan. Ya no te asusta tanto perder o ganar, o que te juzguen, y menos cometer errores. Te das permiso para ser auténticamente feliz y superar la adicción a la aprobación. No te detienes ante los retos, porque te vuelves más optimista. Neo al final termina ciego, porque debemos dejar de mirar lo que nos rodea y comenzar a mirar hacia dentro, para entender el lenguaje del poder, ese fuego interior que nos impulsa.

Te he dejaré algunos conocimientos que te ayudarán a generar autoconfianza. Recuerda que si los aplicas se convertirán en sabiduría...

1. Antes de tomar cualquier decisión en la vida, piensa en el resultado, hacia donde te llevará.
2. Es fundamental que entiendas que no tienes nada que perder.
3. Avanza, cumple tu propósito de vida sin presionarte.
4. Pide perdón a las personas a las que has dañado en algún momento y exprésales que no eras consciente.
5. Perdónate a ti mismo y permítete descansar entendiendo que esta nueva versión de ti lo hará lo mejor posible.
6. Trabaja en un área alineada con tus dones y talentos y procura entregarlos a la mayor cantidad de personas desde el amor por quién eres y los regalos recibidos desde antes de nacer. Eso te traerá prosperidad y plenitud.
7. Finalmente hazte consciente de que tú proyectas a los demás lo que sientes y piensas de ti mismo. Así que dales lo mejor de lo mejor: Tu verdadera esencia.

La vida es tu mayor regalo y el tiempo es la vida. No lo pierdas en batallas innecesarias.

Conclusión

La perfección si existe, es la aceptación de la imperfección en cada uno de nosotros. Siempre tuve miedo a confiar y a perdonar, a no ser suficiente; y así como yo, miles de personas en el mundo arrastran esos vacíos emocionales intentando llenar su vida con situaciones que sólo producen más dolor. Entender que cualquier decisión que tomamos en la vida, sólo nos conduce a una versión diferente de nosotros mismos, le quita peso a la carga social de las apariencias, y nos ayuda a tener el valor de conocernos, aceptarnos y amarnos a nosotros mismos tal como somos, para vivir en la libertad.

El verdadero valor reside en existir, todo lo demás son añadiduras sociales, que podemos sumar o no a nuestra vida. Al final del camino, sólo llevaremos experiencias y la satisfacción personal de tu aporte a tus semejantes y a este planeta. Ninguna persona debe ser juzgada, nadie conoce las creencias y los hábitos, que ocultan las carencias emocionales de ese otro ser humano. La libertad de ser y de creer en nosotros y en los demás es lo que nos entrega la genialidad y la belleza de lo que llevamos dentro.

Aunque parezca que es complicado lograr un nivel alto de desarrollo humano en este medio social que nos rodea actualmente, es más sencillo de lo que parece. Sólo tenemos que trabajar con nuestro yo, sin importar el comportamiento externo. Sé valiente y bondadoso para aportar lo que has traído en tu diseño original a nuestro mundo en este momento de la historia.

Si buscas prosperidad y la abundancia, debo decirte que son el resultado en este plano físico de tu manera de sentir en tu mundo espiritual y de lo que crees sobre ti mismo en tu mundo mental. No entierres tus talentos, por miedo a la carencia. Ella es el candado que te mantiene en esclavitud y no te deja ver más allá de las necesidades. Tus dones son la llave, el regalo que te ha sido entregado al nacer para impactar la vida de los demás de manera positiva, pero también son la fuente de riqueza que te ha entregado Dios. Sólo tienes que descubrir quién eres, qué te hace feliz, y acciona para lograrlo. Nunca te des por vencido. Saca toda la basura que han depositado en tu mente, y comienza a vivir sin miedo.

Gracias, gracias, gracias.

Fin

Esta edición de *La basura de tu mente,* se terminó de imprimir en el mes de noviembre de 2018, en los talleres gráfios de Editora Búho, en Santo Domingo, República Dominicana.